Helmut Pirc

Ziergehölze für naturnahe Gärten

Inhalt

Vorwort

Grün ums Haus steigert die Lebensqualität auf vielfältigste Weise. Die niederösterreichische Aktion „Natur im Garten“ möchte Ihnen auch mit diesem Buch die Vorteile naturnahen Gärtnerns näher bringen. Sie zeigt, dass Pflanzen beruhigen, Wohlbefinden vermitteln und die Seele ins Gleichgewicht bringen. Die Liebe zum Grün als Teil unseres genetischen Erbes aus der Evolution der Menschheit spielt eine große Rolle, geht es um die Suche nach einem harmonischen Umfeld. Das ureigenste Bedürfnis nach Schutz und Geborgenheit muss im Garten auf besondere Weise zufrieden gestellt werden. Als Sonnenschutz, Sichtschutz, Windschutz und Lärmschutz dienen reich blühende Ziergehölze – auch bei geringem Raumangebot.

Gehölze spielen als Gestaltungselemente eines Gartens also eine beachtliche Rolle: Die willkommene Grenze zwischen dem Alltag draußen und dem persönlichen Gartenparadies drinnen wird durch eine Vielzahl heimischer und nicht heimischer Gehölze gebildet. Dieses Buch verrät, den richtigen Standort vorausgesetzt, wie kleinere Gärten durch Raum bildende Pflanzungen größer wirken, Durchblicke versperrt oder erst ermöglicht werden. Darüber hinaus bieten Sie mit richtig ausgewählten Gehölzen tierischen Mitbewohnern Zuflucht und Nahrung in Ihrer Oase. Wundert es Sie da, dass Ziergehölze als traditionelles Element aus keinem Garten wegzudenken sind? Passen Sie auf – draußen blüht Ihnen was!

Landeshauptmann Dr. Erwin Pröll — Landesrat Mag. Wolfgang Sobotka

Wissenswertes über Ziergehölze

Ziersträucher bieten eine fast unüberschaubare Vielfalt an Wuchsformen, Blüten-, Blatt- und Zweigfarben, außerdem lange Blühzeiten und besondere Blütendüfte. Sie übernehmen die Gerüstfunktion und schaffen Räume im Garten, setzen Farbakzente und lassen uns die Jahreszeiten besonders intensiv erleben.

Voraussetzung dafür, dass sie jahrelang Freude bereiten, ist der richtige Einkauf sowie eine fachgerechte Pflanzung und Pflege.

Vielfalt statt Monotonie

Der naturnahe Garten lebt im Wesentlichen von der Artenvielfalt und der Art und Weise, wie die Pflanzen vergesellschaftet sind. Durch die standortgerechte Verwendung von Ziergehölzen heimischer Arten sowie fremdländischer, die in unserem Klima gedeihen und teilweise schon seit Jahrhunderten kultiviert werden, erhöht sich die Vielfalt beträchtlich, gleichzeitig gewinnt der Garten an Attraktivität.

Wo liegt der Unterschied?

Zu den Ziergehölzen zählen sowohl Bäume als auch Sträucher. Ziersträucher verzweigen sich aber bereits an ihrer Basis, Bäume entwickeln dagegen einen Stamm, der sich erst weiter oben verzweigt. Allerdings gibt es zwischen Ziersträuchern und kleinen Bäumen Übergangsformen, wie z. B. bei Magnolien oder Hartriegelarten.

Wild- und Zierformen

Der Unterschied liegt hierbei in der Vermehrungsart. Wildgehölze werden durch Samen vermehrt und weisen eine hohe genetische Vielfalt auf, d. h. sie sind sich ähnlich, können aber ganz unterschiedlich aussehen. Dagegen entstehen Ziergehölze durch Auslese. In der Regel werden sie ungeschlechtlich (vegetativ) vermehrt, sodass ihre Nachkommen genetisch gleich sind und sich auch im Erscheinungsbild nicht voneinander unterscheiden. Auslesen heimischer Gehölze wie der Gemeine Schneeball *(Viburnum opulus* 'Sterile') zählen also genauso zu den Ziergehölzen wie eine aus Asien stammende Tulpenmagnolie *(Magnolia × soulangeana)*. Andererseits betrachten wir fremdländische Arten wie die Kupfer-Felsenbirne *(Amelanchier lamarckii)* ebenfalls als Ziergehölz. Wird diese aber aus Samen vermehrt, zählt sie genau genommen zu den Wildgehölzen.

Unterschiedliche Stärken

Bei Ziergehölzen steht vor allem der Zierwert im Vordergrund. Einige Gehölze zeichnen sich durch eine besonders reiche Blüte aus (Blütensträucher), andere durch auffällige Blütenfarben oder einen attraktiven Fruchtschmuck.

Bei der Auswahl sollte man jedoch immer bedenken, dass im naturnahen Garten auf Pestizide, Kunstdünger und Torf verzichtet wird. Achten Sie deshalb darauf, dass die Gehölze eher anspruchslos in Bezug auf die Nährstoffversorgung und außerdem widerstandsfähig sind. Suchen Sie Gehölze aus, die als Bienenweide dienen, die Früchte für die Tierwelt produzieren oder Tieren Unterschlupf bieten. Auf diese Weise entsteht ein ausgewogenes Ökosystem, in dem sich Nützlinge und Schädlinge die Waage halten.

Vorsicht ist geboten bei invasiven Pflanzen wie dem Sommerflieder, der sich stark ausbreiten kann. Entscheiden Sie sich für dieses Gehölz, sollten Sie die Pflanze durch konsequenten Rückschnitt im Zaum halten.

Blütensträucher blühen einige Tage oder gar einige Wochen sehr reich. Viele Wildformen beeindrucken mit einfachen Blüten, die später auch mit reichem Fruchtschmuck aufwarten. Im Rest des Jahres sind sie dagegen recht unauffällig. Da die Sträucher aber zu ganz unterschiedlichen Zeiten blühen, brauchen Sie auf Blüten während der Vegetationszeit nicht zu verzichten. Wichtig ist nur die geschickte Kombination der Arten.

Die Blüten der Winterblüte *(Chimonanthus praecox)* entfalten sich bereits im Februar/März.

Buntes Laub

Sträucher mit einem besonderen Blattschmuck sind eine Bereicherung für den Garten, müssen aber mit viel Bedacht ausgewählt werden.

Einteilung von Ziergehölzen mit besonderem Blattschmuck:

- Ziergehölze mit buntem Austrieb, deren Blätter im Sommer „vergrünen"
- Ziergehölze, die ihre Blattfärbung während der gesamten Vegetationszeit beibehalten

Gelbbunte Sträucher wirken meist etwas „kränklich" und kommen daher höchstens in schattigen Bereichen zum Einsatz, wo sie ihre Wirkung besser entfalten können. Rotlaubige Arten wie die Bluthasel *(Corylus maxima* 'Purpurea') sowie weißpanaschierte Sorten wie der Weißbunte Hartriegel *(Cornus alba* 'Elegantissima') setzen während des blütenarmen Sommers Farbakzente. Man sollte sie aber niemals in größerer Anzahl, sondern immer nur als Einzelpflanze einplanen. Besonders attraktiv präsentieren sich graulaubige Ziergehölze im Naturgarten, die sich gut z. B. mit blau blühenden Stauden kombinieren lassen.

Strukturgeber

Bei den immergrünen Ziergehölzen unterscheidet man zwischen Laub- und Nadelgehölzen. Sie bevorzugen halbschattige Standorte und dienen im Garten als Strukturpflanzen. Laubgehölzen ist im Hausgarten deshalb der Vorzug zu geben, weil sie den jahreszeitlichen Wechsel mit Blüten und Fruchtschmuck viel deutlicher machen. Außerdem haben Gehölzgruppen als freie Hecken eine größere ökologische Bedeutung als Bienenweide und zur Nahrungsversorgung verschiedener Tierarten. Man pflanzt Immergrüne am Besten dort, wo eine Stelle betont, oder wo ein unerwünschter Anblick oder Ausblick verdeckt werden soll. Immergrüne Ziergehölze eignen sich besonders zur Hintergrundbepflanzung in Staudenbeeten. Bei Sträuchern, die bereits im Winter oder Vorfrühling blühen, wie die Zaubernuss *(Hamamelis × intermedia)*, kommen die Blüten erst durch den neutralen grünen Hintergrund so richtig zur Geltung.

Es gibt aber auch gelb- und weißpanaschierte immergrüne Laubgehölze, die das ganze Jahr hindurch einen besonderen Blickfang darstellen.

Noch vor den Blättern erscheinen die filigranen Blüten der Zaubernuss.

Attraktive Herbstfarben

Zahlreiche Ziergehölze mit leuchtend gefärbten Blättern tragen wesentlich zum Herbstkolorit bei. Neben der Felsenbirne sind dies unter anderem noch der Feuerahorn *(Acer tataricum* subsp. *ginnala)*, der Eisenholzbaum *(Parrotia persica)* und einige Spindelstraucharten. Allerdings kann die Intensität der Herbstfärbung von Jahr zu Jahr unterschiedlich ausgeprägt sein, wobei ein eher feuchter Sommer und ein trockener milder Herbst die Farben besonders zum Leuchten bringen.

Interessantes Astwerk und bunte Triebe

Sträucher mit bunten Trieben wie der Sibirische Hartriegel (*Cornus alba* 'Sibirica') treten erst nach dem Laubfall im Spätherbst und im Winter richtig in Erscheinung und schließen somit den Reigen der Jahreszeiten. Besonders ohne Laub stellen Ziergehölze wie die Drehweide *(Salix* 'Erythroflexuosa') attraktive Strukturelemente dar. Bei vielen Sträuchern bewirkt ein regelmäßig durchgeführter Schnitt im Frühjahr, dass neue Triebe austreiben, die eine kräftigere Farbe haben als die älteren.

Die Sorte 'Fire Ball', ein Flügel-Spindelstrauch, ist besonders winterhart und verzweigt sich stark.

Ein goldenes Blätterdach zaubert der Eisenholzbaum, wenn die Herbstsonne darauf fällt.

Die richtige Wahl

Gut sortierte Baumschulen und Gartencenter bieten ein umfangreiches Sortiment an Ziergehölzen an. Grundsätzlich ist es wichtig, Qualität und Zustand genau zu überprüfen. Wenn die Pflanzen frisch eingetroffen sind, ist ihr Zustand meist noch passabel. Wochen später sind die Gehölze häufig schon stark geschädigt. Dann heißt es: Hände weg!

Vor dem Kauf

Vor dem Einkauf sollten Sie den Standort und den Boden in Ihrem Garten genau prüfen.

- Welches Ziergehölz eignet sich für den vorgesehenen Platz?
- Ist der Boden locker und sandig, oder schwer und lehmig?
- Handelt es sich um einen sonnigen oder eher schattigen Standort?
- Welches Gehölz passt zu den anderen Pflanzen und zum Stil des Gartens?

Wurzelnackte laubabwerfende Sträucher werden in der Baumschule im Freiland kultiviert und im Herbst gerodet. Sie sind in der Regel sehr kräftig entwickelt und wachsen gut an, vorausgesetzt sie haben genügend Haarwurzeln (ganz feine Wurzeln) gebildet, die nicht vertrocknet sein dürfen. Wurzelnackte Sträucher, die noch spät im Frühjahr angeboten werden, kommen in der Regel aus dem Kühlhaus und haben bereits an Qualität eingebüßt.

Containerpflanzen werden direkt im Pflanzgefäß gezogen und müssen nicht aus der Erde genommen werden, deshalb kommt es hier auch kaum zu Wurzelverlusten. Allerdings kann bei unsachgemäßer Kultur das Gegenteil eintreten: Es wurde nicht rechtzeitig umgetopft und die Wurzeln wachsen aus dem Container heraus oder bilden sogar einen Wurzelwulst unterhalb des Topfbodens.

In einer Baumschule bekommen Sie neben den verschiedensten Gehölzen auch eine gute Beratung.

Solche Pflanzen werden auch später immer „kümmern". Beim Kauf von Containerpflanzen im Spätwinter sollten Sie auch darauf achten, dass die Wurzeln intakt und nicht erfroren sind; die Wurzelspitzen müssen weiß sein!

Ein ausgewogenes Astwerk ist darüber hinaus ebenso wichtig wie das Vorhandensein kräftiger Jungtriebe. Nicht empfehlenswert sind Pflanzen, die im späten Frühjahr oder Sommer eine gelbliche, fahle Blattfarbe aufweisen. Sie wurden unter schlechten Bedingungen gelagert.

Bei dem Kauf von Ziergehölzen im Plastikbeutel oder in anderen Verpackungsmaterialien sollte man Acht geben. In vielen Fällen handelt es sich dabei zumeist um frisch getopfte, oft kümmerliche Jungware. Werden sie trotzdem gekauft, müssen die Pflanzen so schnell wie möglich ausgepackt und gewässert werden, bevor man sie an einem schattigen Platz im Freien einschlägt (d.h. die Wurzeln und den Wurzelhals mit reichlich feuchter Erde bedeckt).

Solitärpflanzen, die als Ballenware angeboten werden, wachsen problemlos an. Beachten Sie beim Kauf, dass der Ballen von allein halten muss. Das um den Wurzelstock gelegte Netz soll nur verhindern, dass der Ballen beim Transport und der Lagerung nicht beschädigt wird. Pflanzen, deren Ballen beim Anheben wie ein loser Stoffsack zusammensacken, wurden meist im Nachhinein „balliert" und entsprechen in ihrer Qualität einer wurzelnackten, billigeren Pflanze!

Ziergehölze per Katalog kaufen

Neben dem Pflanzeneinkauf vor Ort können Gehölze natürlich auch über den Versandhandel bestellt werden. Oft erhält man in diesen spezialisierten Betrieben ausgefallene Arten und besondere Sorten, die in der Umgebung nicht angeboten werden. Häufig sind diese Pflanzen jedoch schwächer, achten Sie deshalb bereits bei der Bestellung auf die angegebene Größe. Packen Sie die Pflanzen nach Erhalt sofort aus und kontrollieren Sie die Qualität und ob tatsächlich die bestellte Sorte geliefert wurde. Reklamationen müssen sofort erfolgen. Wenn nicht sogleich ausgepflanzt wird, schlägt man den Wurzelstock an einem geschützten Platz mit feuchter Erde ein.

Ein Strauch, der alle Voraussetzungen für einen optimalen Wuchs im Garten bietet.

Einkaufstipps für Ziergehölze

- Kaufen Sie Containerpflanzen am Besten während der Blüte oder wenn sie gerade fruchten, so haben Sie die Gewissheit, dass es tatsächlich die gewünschte Sorte ist. Kaufen Sie sommergrüne Ziergehölze im Herbst, um sie dann noch rechtzeitig vor den ersten Frösten einpflanzen zu können.
- Mit dem Kauf immergrüner Laubgehölze wartet man besser bis zum Frühling (März/April). Dann kann man nämlich leichter feststellen, ob während des Winters an jungen, nicht vollständig ausgereiften Trieben Frostschäden aufgetreten sind.

Gewusst wie – die Pflanzung

Wenn Sie einige Grundregeln bei der Pflanzung von Ziergehölzen berücksichtigen, werden sich Ihre neuen Gartenbewohner optimal entwickeln. Neben der Wahl des richtigen Standortes müssen auch die bevorzugten Pflanzzeiten bedacht werden. Außerdem unterscheidet man bei der Pflanzung zwischen wurzelnackten Gehölzen und Containerpflanzen.

Wurzelnackte Ziergehölze

Wurzelnackte Ziergehölze sind in der Regel kräftig entwickelt und preiswert. Sie werden ab Oktober/November bis März/April angeboten. Dieser Zeitraum ist auch der günstigste für die Pflanzung, da die Gehölze noch vor dem Winter Wurzeln bilden können und bereits zeitig im Frühjahr weiterwachsen. Stellen Sie wurzelnackte Ziergehölze generell vor dem Pflanzen für einige Stunden mit den Wurzeln ins Wasser.

Vor der Pflanzung muss der Boden gut vorbereitet werden. Normalerweise reicht es, das Pflanzloch etwa zwei Spatenstiche tief auszuheben. Der Boden sollte dabei unbedingt gelockert werden. Je nach Gehölzart kann man etwas Sand oder kleine Steine als Drainage in das Pflanzloch geben, um den Boden etwas durchlässiger zu machen, oder auch Kompost zufügen.

Die meisten Gehölze werden genauso tief gepflanzt wie sie während der Anzucht in der Baumschule standen. Es gibt aber auch Ausnahmen: Bei Strauchpfingstrosen sollte die Veredlungsstelle beispielsweise immer etwa 5 bis 10 cm unterhalb des Bodenniveaus liegen.

Drücken Sie nach dem Pflanzen das Erdreich um die Wurzeln mit zwei oder drei Fußtritten vorsichtig an, damit die Wurzeln bis zum Anwachsen fest im Boden verankert sind. Ein allzu starkes Andrücken verursacht allerdings eine Verdichtung des Bodens, die zu Sauerstoffmangel der Wurzeln führen kann.

Anschließend wird gründlich eingewässert. Verbleibende Hohlräume werden so mit Erde eingeschwämmt, und die Wurzeln wachsen besser ein.

Der Pflanzschnitt

Ein sogenannter Pflanzschnitt ist bei wurzelnackten Gehölzen unerlässlich! Entfernen Sie alle beschädigten, sich kreuzenden und schwachen Triebe. Je nach Gehölzart werden dann die verbleibenden kräftigen Triebe um ein bis zwei Drittel ihrer Länge eingekürzt. Schneiden Sie auch alle beschädigten, abgebrochenen oder vertrockneten Wurzeln bis in das gesunde Holz zurück. Die restlichen Hauptwurzeln kürzt man um ein Drittel ihrer Länge ein. Achten Sie darauf, dass die Wurzeln niemals austrocknen, die Pflanzen dürfen also nie in der prallen Sonne liegen bleiben.

Nach dem Pflanzen gut einwässern!

Bei einem Pflanzschnitt werden Wurzeln und Triebe eingekürzt.

Containerpflanzen

Containerpflanzen müssen ebenfalls vor dem Pflanzen gut gewässert werden. Ist der Wurzelballen einmal ausgetrocknet, können die Pflanzen unter Umständen sogar vertrocknen.

Auch bei Containerpflanzen ist ein Schnitt notwendig. Ist der Wurzelballen nach dem Herausnehmen aus dem Topf am Rand sehr dicht, dann entwirrt man die Wurzeln mit den Fingern, dicke oder bereits umgebogene sowie abgestorbene Wurzeln werden weggeschnitten. Das Pflanzloch wird genauso vorbereitet wie bei den wurzelnackten Gehölzen, sollte aber etwa doppelt so breit und tief sein wie der Container. Bei der Pflanzung werden die Wurzeln vorsichtig in alle Richtungen ausgebreitet, damit die Pflanze gut anwachsen kann. Ein Andrücken der Erde ist ebenfalls erforderlich, der obere Rand des Wurzelballens sollte aber nur leicht mit Erde bedeckt sein.

Containerpflanzen werden das ganze Jahr über angeboten, und eigentlich kann man sie auch immer setzen. Dennoch ist der Sommer als Pflanzzeit ungünstig. Die Gehölze sind während der Einwachsphase besonders empfindlich, dazu kommen

Ballenpflanzen setzen

Den Wurzelballen vor dem Pflanzen gut wässern, Transportnetze sowie Balliergitter aus Draht entfernen. Das Pflanzloch sollte etwa doppelt so breit und tief wie der Wurzelballen, der Boden gut gelockert sein. Halten Sie die Ballenpflanze nun so tief in das Pflanzloch, dass das obere Ende des Ballens knapp unter dem Bodenniveau liegt. Füllen Sie dann den freien Raum um den Ballen mit Erdreich auf. Vorsichtig andrücken, und die Pflanze dabei gerade ausrichten. Knoten Sie die Balliernetze am Wurzelhals immer auf! Wenn die Triebe schneller an Dicke zunehmen als das Netz verrottet, kann es zu Einschnürungen am Wurzelhalsbereich kommen.

Die richtige Pflanzzeit

- Oktober und November sowie das zeitige Frühjahr von Februar bis März/April sind die günstigsten Pflanzzeiten für wurzelnackte Ziergehölze sowie Ballenpflanzen.
- Pflanzen Sie nicht während kalter Frostperioden mit Minustemperaturen. Die Gehölze haben ohne vorherige Einwurzelung im Boden keine Chance zu überleben. Sie erfrieren oder vertrocknen.
- Wird im Herbst eingekauft und gepflanzt, ist das Angebot in Baumschulen besonders groß. Außerdem haben die Fachleute meist mehr Zeit für die Beratung als im Frühjahr.
- In Gegenden mit heißen, trockenen Sommern oder sandigen und steinigen sowie kalkhaltigen Böden pflanzt man besser im Herbst, damit die Pflanzen im zeitigen Frühjahr rasch anwachsen.
- In Regionen mit schweren und lehmigen sowie sehr feuchten Böden wird ab März ausgepflanzt. Bei einer Herbstpflanzung könnten die Gehölze erfrieren.
- Bei etwas frostempfindlichen Sommer- und Spätsommerblühern (z. B. Bartblumen, Schmetterlingsstrauch) empfiehlt sich eine Frühjahrspflanzung.
- Immergrüne Sträucher und anspruchsvolle Ziergehölze wie Magnolien und Zaubernüsse sollten ab September/Oktober, oder im zeitigen Frühjahr gepflanzt werden, weil sie zu diesen Zeiten deutlich besser anwachsen.
- Hainbuchen und Birken gedeihen gut bei einer Frühjahrspflanzung (Ende März) zur Zeit der Knospenschwellung (knapp vor der Entfaltung der Blätter, wenn die Knospen bereits dick angeschwollen sind).

Beim Pflanzen mehrerer Sträucher nebeneinander ist eine Schnur hilfreich, die man auf der zu bepflanzenden Linie spannt.

dann noch Hitze und Trockenheit – wenn sie nicht vertrocknen, werden sie wahrscheinlich Opfer von Krankheiten und Schädlingen. Wer im Sommer eine Containerpflanze als Geschenk erhält, stellt sie am besten an einen schattigen Platz und wartet mit dem Einpflanzen, bis die heißen Tage vorbei sind.

Bis ein Garten eingewachsen ist, dauert es viele Jahre. Das Ergebnis ist allerdings fast immer umwerfend.

Ziergehölze schneiden

An ihren Naturstandorten werden Gehölze nicht geschnitten und entwickeln sich trotzdem gut. Dies lässt sich auf die Situation im Garten aber nicht übertragen. Zum einen werden viele Ziergehölze zu groß, wenn man sie nicht schneidet. Zum anderen fördert ein fachgerechter Schnitt zum richtigen Zeitpunkt den Blütenreichtum, dient der Verjüngung und hält die Pflanzen in Form.

Schnittarten

Pflanzschnitt Bei der Pflanzung im Herbst oder Frühjahr werden bei wurzelnackten Sträuchern sowohl die Triebe etwa um die Hälfte oder zwei Drittel als auch die Wurzeln etwa um ein Drittel eingekürzt (siehe Kapitel Pflanzung). Container- und Ballenpflanzen lichtet man nur vorsichtig aus, indem man dünne und beschädigte sowie ungünstig stehende Triebe entfernt.

Erhaltungs- oder Pflegeschnitt Ein regelmäßig durchgeführter Schnitt dient dem Aufbau oder der Erhaltung eines harmonischen Erscheinungsbildes der Gehölze. Es kann wieder Licht in das Pflanzeninnere gelangen, und gleichzeitig erneuern und verjüngen sich die Pflanzen von innen heraus. Man unterscheidet zwischen dem Auslichtungs- und dem Rückschnitt.

Verjüngungsschnitt Wurden Gehölze entweder längere Zeit vernachlässigt oder sind sie bereits etwas überaltert, ist es Zeit für einen Verjüngungsschnitt, dem ein zwei- bis dreijähriger Aufbauschnitt folgt.

Verjüngungsschnitt

Überalterte und schwache Triebe werden im späten Herbst oder im frühen Frühjahr an der Strauchbasis entfernt, dicht verzweigtes Astwerk ausgedünnt. Alle starken Triebe schneidet man auf etwa 50 bis 60 cm über dem Boden zurück. Aber Vorsicht: Einige Arten wie beispielsweise der Goldregen regenerieren sich nach einem Verjüngungsschnitt nicht mehr!

Verjüngungsschnitt

Aufbauschnitt

An stark zurückgeschnittenen Stämmen bilden sich meist zahlreiche starke, dichte oder steil stehende Neutriebe. Man reduziert sie auf etwa zwei bis drei pro Stamm, die das neue Astgerüst aufbauen sollen. Wenn sich neue Bodentriebe bilden, dann lassen Sie diese ebenfalls wachsen, sofern genügend Platz vorhanden ist.

Hecken- und Formschnitt

Nach einem eventuell nötigen Aufbauschnitt folgt nach Erreichen der gewünschten Heckengröße der Erhaltungsschnitt. Achten Sie immer darauf, dass die Hecke unten breiter ist als oben, damit sie bis zur Basis hin dicht bleibt und nicht verkahlt.

Auslichtungsschnitt nach der Blüte.

Verschiedene Schnittzeitpunkte

Lichten Sie Sträucher am besten nach der Blüte aus (Auslichtungsschnitt). Dies wird bei der Forsythie etwa im April, beim Falschen Jasmin jedoch erst Mitte Juni der Fall sein. Schneiden Sie alle abgeblühten Triebe bis zu kräftigen Jungtrieben oder einer Verzweigung zurück. Die Sträucher treiben daraufhin nochmals kräftig aus und die Blüte für das nächste Jahr ist somit gewährleistet. Wird der Auslichtungsschnitt im Winter durchgeführt, kann man zwar das Astgerüst gut erkennen, allerdings entfernt man meist einen wesentlichen Teil der diesjährigen Blütentriebe, weil diese Gehölze am vorjährigen Holz blühen. Die Blüte wird dementsprechend schwächer ausfallen.

Rückschnitt

Ein regelmäßiger Rückschnitt im zeitigen Frühjahr vor dem Austrieb wird bei den Sommer- und herbstblühenden Kleinsträuchern wie der Bartblume *(Caryopteris × clandonensis)* und mittelhohen Sträuchern wie dem Sommerflieder *(Buddleja davidii)* empfohlen. Diese Sträucher entfalten ihre Blüten an den Enden der diesjährigen Triebe. Alle vorjährigen Triebe sollten stark auf eine gleichmäßige Höhe eingekürzt werden. Dabei bleiben nur zwei bis vier Knospen vom vorjährigen Trieb stehen. Einige Gehölze reagieren auf diesen Schnitt sogar mit einer zweiten Blüte im Spätsommer. Man nennt diesen Vorgang remontieren.
Bei der Schneeballhortensie *(Hydrangea arborescens)*, aber auch bei Halbsträuchern wie der Blauraute *(Pervoskia atriplicifolia)* und dem Buschklee *(Lespedeza thunbergii)*, schneidet man alle Triebe im zeitigen Frühjahr knapp über dem Boden etwa auf 10 cm zurück. Sie regenerieren sich aus den Knospen an der Basis der Triebe.

TIPP **Bei einigen Ziergehölzen wie dem Mandelröschen *(Prunus triloba)* und einigen Weidenarten ist ein starker Rückschnitt unmittelbar nach der Blüte notwendig. Kürzen Sie die abgeblühten vorjährigen Triebe bis auf etwa 10 cm ein. Beim Mandelröschen wird durch diesen radikalen Schnitt auch ein Befall mit Pilzkrankheiten (Zweig- und Blütenmonilia) verhindert.**

Beim Sommerflieder, dem Mönchspfeffer *(Vitex agnus-castus)* und der Rispenhortensie *(Hydrangea paniculata)* werden die vorjährigen Triebe ebenfalls im zeitigen Frühjahr auf etwa fingerlange Stummel zurückgeschnitten. Dadurch baut sich mit der Zeit an der Strauchbasis ein kräftiges Astgerüst auf. Diese Maßnahme verhindert ein Verkahlen der Gehölze von unten her. Die Sträucher wirken viel üppiger.

Sommergrüne Laubgehölze in Hecken schneidet man im zeitigen Frühjahr vor dem Austrieb. Bei vielen Heckenpflanzen ist ein zweiter Schnitt im Frühsommer, etwa Ende Juni, notwendig. Dagegen werden immergrüne Laubgehölze und Formgehölze erst im April oder zum Ende der Wachstumsphase im Mai geschnitten, damit der neue zarte Austrieb nicht durch Spätfröste zerstört wird. Ein eventuell nötiger zweiter Schnitt erfolgt bei Hecken erst im Spätsommer.

Rückschnitt auf ein Gerüst vor dem Austrieb bei der Rispenhortensie

Rückschnitt auf ein Gerüst nach der Blüte beim Mandelröschen

Winterschutz und Pflege

Winterschutz und fachgerechte Gehölzpflege sind die Voraussetzung für eine optimale Entwicklung der Pflanzen. Ist der Standort jedoch gut gewählt, kann man sich bereits einige Arbeiten ersparen: Beispielsweise werden Sträucher, die am richtigen Platz stehen, nicht so schnell mit Schädlingen befallen; auch das ständige Gießen von feuchtigkeitsliebenden Pflanzen auf trockenen Standorten entfällt. Fachgerecht durchgeführte Schnittmaßnahmen (siehe Kapitel Ziergehölze schneiden) zählen ebenso zur Pflege wie das Entfernen abgeblühter Blütenstände. Ihre Sräucher werden diese Pflegemaßnahmen mit einer üppigeren Blüte danken. Das Aufbringen einer Mulchschicht um den Wurzelhals fördert außerdem die Gesundheit der Pflanzen.

Winterschutz

Auch der Winterschutz beginnt bei der richtigen Standortwahl. Pflanzen Sie etwas frostempfindlichere Gehölze immer im Schutz von Mauern oder anderen Gehölzen (z. B. unter Bäumen). Auch Innenhöfe oder nach Süden ausgerichtete Hausmauern bieten sich als frostgeschützte Standorte (z. B. für ein Spalier) an.

Viele der im Sommer blühenden Sträucher wie Bartblume, Blauraute, aber auch der Sommerflieder, bevorzugen warme, kalkhaltige und durchlässige Böden. Unter diesen Standortbedingungen reifen ihre Triebe im Herbst früher und besser aus, wodurch die Frosthärte sich beträchtlich verbessert! Bei zahlreichen Gehölzen sind außerdem die Wurzeln viel frostempfindlicher als die Triebe. Mulchen Sie deshalb im Herbst mit organischen Materialien wie Kompost oder verrotteter Rinde, um so eine isolierende Schicht herzustellen. Immergrüne Laubgehölze vertragen besonders im Winter direkte Sonne schlecht, es kann zur Frosttrocknis kommen, denn die immergrünen Blätter verdunsten auch im Winter Wasser, eine Nachlieferung aus dem gefrorenen Boden ist aber nicht möglich.

Einen guten Schutz bieten Jutesäcke, die man kleineren Sträuchern oder empfindlichen Kronen einfach überstülpt.

Pflegemaßnahmen im Jahreslauf

Zeitiges Frühjahr Entfernen Sie den Winterschutz rechtzeitig, damit die Pflanzen nicht vorzeitig austreiben. Beschädigte oder kranke Triebe bei Gehölzen müssen bis in das gesunde Holz herausgeschnitten werden. Bringen Sie eine dünne Mulchschicht aus gut verrottetem Kompost auf den Gehölzflächen aus, die jedes Jahr erneuert wird. Keinesfalls sollten Sie ständig zwischen den Gehölzen hacken oder gar umgraben. Um diese Zeit neu gepflanzte Sträucher und Bäume müssen regelmäßig gut gegossen werden.

Spätes Frühjahr Den Rasenschnitt kann man ebenfalls als Mulchdecke für Stauden und Gehölze verwenden. Achten Sie darauf, dass die aufgebrachte Schicht nicht höher als 2 bis 3 cm ist. Eine Mulchschicht bewahrt dem Boden die Feuchtigkeit und verhindert teilweise das Aufkommen von Unkraut (Wurzelunkräuter werden immer durchwachsen). Die abgeblühten Blütenstände bei Ziergehölzen wie Flieder müssen entfernt werden.

Frühsommer Treibt bei veredelten Gehölzen die Unterlage durch, müssen diese Triebe entfernt werden. Legen Sie dazu die Entstehungsstelle frei und drehen Sie die unerwünschten Unterlagentriebe bis sie abreißen. Wurzelschösslinge dürfen keinesfalls über der Erde abgeschnitten werden – dadurch entstehen noch mehr Wildtriebe.

Vorsichtig müssen die abgeblühten Blütenstände bei Rhododendren ausgezupft werden.

Sommer Die Blütezeit beim Sommerflieder und vielen anderen Sträuchern kann verlängert werden, wenn man die abgeblühten Rispen wegschneidet.

Spätsommer und Herbst Lassen Sie bei den sommer- und herbstblühenden Ziersträuchern wie z. B. Hortensien die abgeblühten Triebe stehen. Sie geben schöne Strukturen über den Winter ab und dienen zahlreichen Tieren während der Wintermonate als Futter.

TIPP **Mit einer Mulchabdeckung schützt man nicht nur die Pflanzenwurzeln vor Kälte. Die Mulchschicht zersetzt sich im Laufe der Zeit und gibt Nährstoffe frei, die der Pflanze als Dünger dienen.**

Mögliche Schäden an Sträuchern

Verfärben sich die Blätter etwa einen Monat nach dem Einpflanzen bräunlich, liegt das wahrscheinlich am ungenügenden Wässern der Pflanze. Sie muss nochmals herausgehoben, die Erde eventuell mit Kompost verbessert und vor und nach dem Einpflanzen gründlich gewässert werden. Wassermangel ist bei älteren Pflanzen häufig auch die Ursache für das Welken von Blättern und Triebspitzen. Sind einzelne Triebe im Frühjahr von den Spitzen her abgestorben, handelt es sich um Frostschäden. Schneiden Sie die abgestorbenen Triebe zurück.

Vermehrung

Normalerweise kauft man Ziersträucher in einer Baumschule oder im Gartencenter. Vielleicht möchten Sie aber eine attraktive Gehölzart aus dem eigenen Garten an den Nachbarn weitergeben, oder eine seltene Art ist einfach nirgendwo zu bekommen: Dann ist es an der Zeit, die eigenen Pflanzen selbst zu vermehren.

Vermehrung durch Anhäufeln

Das Anhäufeln ist eine der einfachsten Methoden, verschiedene Sträucher vegetativ zu vermehren. In der Praxis werden vor allem Johannisbeeren und der Einfassungsbuchs auf diese Weise vermehrt. Schneiden Sie dazu ein- bis zweijährige Sträucher (z. B. Alpen- oder Blutjohannisbeere) im Spätwinter bis auf 3 bis 5 cm über dem Boden zurück. Sobald die Pflanzen ausgetrieben haben und die jungen Triebe 15 bis 20 cm hoch sind, häufelt man bis zum ersten Blattpaar an. Wiederholen Sie das Anhäufeln im Frühsommer und zur Sommermitte nochmals. Die neuen Triebe haben sich nun an der Basis bewurzelt und können mit einer Gartenschere abgetrennt und frisch ausgepflanzt werden.

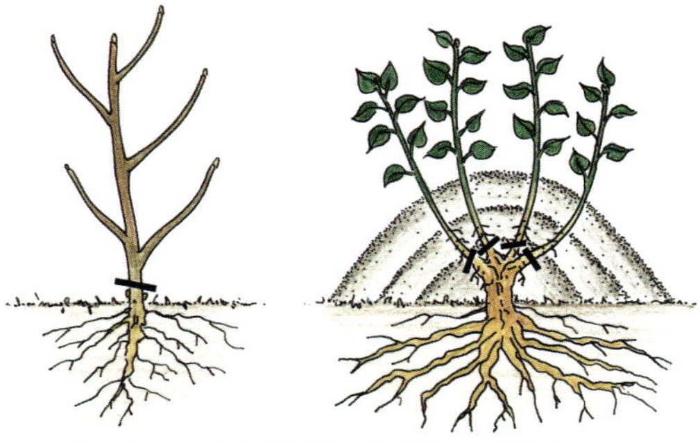

Vorbereiten und Anhäufeln ein- bis zweijähriger Sträucher

TIPP **Beim Einfassungsbuchs ist kein Rückschnitt erforderlich. Er wird lediglich vom zeitigen Frühjahr bis zum Spätsommer in mehreren Etappen angehäufelt. Im Spätherbst trennt man dann die bewurzelten Triebe von der Mutterpflanze und pflanzt sie neu ein.**

Vermehrung durch Absenker

Hierfür nimmt man im Herbst von jungen, nicht blühenden Zweigen ein- bis zweijährige Triebe, die auf den Boden gebogen werden. Die Triebspitze wird senkrecht an einem Stab befestigt, während der gebogene Trieb einige Zentimeter tief in das Erdreich gedrückt und mit einem Metallhaken oder einem flachen Stein befestigt wird. Verletzen Sie vorher eine Stelle dieses Triebstücks durch Anritzen der Rinde oder leichtes Knicken.

Bis zum nächsten Herbst (bei einigen Ziergehölzen erst im Herbst des zweiten Jahres) sind die Triebstücke dann bewurzelt und können abgeschnitten werden.

Vermehrung durch Ableger

Schneeball und Moosbeere, auch als Cranberries bekannt *(Vaccinium macrocarpon)*, lassen sich durch Ableger vermehren. Nehmen Sie dazu im Spätwinter einjährige Triebe ab, die entweder in Reihen oder sternförmig in eine flache Erdrille gelegt und mit einigen Zentimetern Erde bedeckt werden. Solange die jungen Triebe noch grün sind wird in mehreren Etappen angehäufelt. Bis zum Herbst hat sich ein bewurzelter Trieb entwickelt.

Vermehrung durch Absenker

Vermehrung durch Steckholz

Man benötigt verholzte einjährige, etwa bleistiftstarke Triebe der zu vermehrenden Art. Schneiden Sie diese im Spätherbst, vor dem ersten Frost, in etwa 20 bis 25 cm lange Stücke. Die Triebstücke werden nun so tief in ein lockeres Substrat gesteckt, dass nur das oberste Auge oder Augenpaar herausschaut. Frostharte Sträucher können an einen geschützten Platz in den Garten kommen, frostempfindliche kann man in Töpfe mit torffreier ungedüngter Erde stecken (eventuell mit Sand vermischen). Bis zum folgenden Herbst haben sich aus den Trieben bewurzelte, junge Sträucher entwickelt.

Vermehrung durch Steckholz

Teilung

Einige vieltriebige Sträucher (z. B. Zierjohannisbeeren) lassen sich problemlos und einfach auch durch Teilung vermehren. Dabei wird der Strauch vorsichtig ausgegraben und der Wurzelballen mit einer Grabegabel geteilt. Die so erhaltenen Teile wieder einpflanzen und gut wässern. Eine Teilung gilt gleichzeitig als Verjüngung.

Vermehrung durch Teilung

Vermehrung durch Grünstecklinge

Diese Methode ist etwas aufwändiger, aber durchaus auch im Hausgarten durchführbar. Man verwendet hierfür grüne, unverholzte Triebe mit je einem Blatt/Blattpaar. Schneiden Sie 5 bis 10 cm lange Stecklinge ab Mitte Mai bis Anfang Juli knapp unterhalb eines Blattes/Blattpaares und entfernen Sie das unterste Blatt. Die Stecklinge dürfen während des Schneidens und auch später, solange sie nicht bewurzelt sind, keinesfalls welken oder austrocknen! Als Vermehrungsgefäße eignen sich große Töpfe oder kleine Kistchen. Die Erde sollte nährstoffarm sein und kann mit Sand versetzt werden. Geben Sie nach dem Gießen der Stecklinge einen Plastikbeutel oder eine dünne Plastikfolie über die Töpfe/Kistchen, damit eine hohe Luftfeuchtigkeit entsteht. Nach dem Erscheinen der neuen Blätter wird die Folie abgenommen. Nach einigen Wochen sind die Stecklinge bewurzelt und können in Einzeltöpfe oder in den Mistbeetkasten pikiert werden.

Wurzelschnittlinge und Samenaussaat

Einige Ziergehölze wie die Aralie *(Aralia spinosa)* und die Trompetenwinde *(Campsis radicans)* lassen sich durch Wurzelschnittlinge vermehren. Graben Sie im Spätherbst oder zeitigen Frühjahr etwa bleistiftstarke Wurzelstücke aus und schneiden Sie diese in etwa 5 cm lange Stücke. Die untere Schnittfläche wird schräg, die obere gerade angeschnitten und die Wurzelstücke mit der schrägen Seite nach unten in ein Saatkistchen mit sandigem Substrat gesteckt.
Für eine Vermehrung durch Samenaussaat braucht man viel Geduld (mehrere Jahre) bis sich kräftige Pflanzen entwickeln. Vor allem bei Ziersträuchern ist diese Methode aber nicht praktikabel. Häufig handelt es sich um Hybriden, und bei einer Aussaat haben die Sämlinge dann häufig andere Eigenschaften als die Mutterpflanze. Wer Zeit hat und experimentierfreudig ist, sollte es dennoch ausprobieren.

Vermehrung durch Grünstecklinge

Mit Formen gestalten

Der Garten ist ein dreidimensionaler Raum, dessen Gerüst aus kleinen Bäumen, großen Solitärsträuchern und Hecken besteht. Kleine Sträucher, Stauden, Sommerblumen und Zwiebelpflanzen fügen sich mit faszinierenden Blüten, interessanten Blattformen und -farben sowie verführerischen Düften harmonisch ein. Mit einer ausgewogenen Pflanzenvielfalt verändert der Garten sein Gesicht im Laufe der Jahreszeiten fortwährend.

Kleinkronige Bäume

Ein Garten ohne Baum wirkt sehr monoton, weil ihm die räumliche Struktur fehlt. Ein Baum spendet Schatten, schafft heimelige Räume und bietet vielen anderen Pflanzen optimale Standortbedingungen. Neben Obstbäumen erfüllen immer häufiger auch attraktive kleinkronige Zierbäume mit ihren lockeren, fast malerischen Kronen diese Aufgaben.

Um so groß zu werden, braucht der Judasbaum einen warmen, geschützten Standort.

Achten Sie beim Kauf darauf, dass die Bäume einen regelmäßigen Kronenaufbau und einen geraden Stamm haben. Mehrstämmige Exemplare sollten schön und regelmäßig entwickelt sein. Frühjahrsblüher unter den kleinkronigen Zierbäumen sind die Tulpenmagnolie, Zierkirschen, der Judasbaum, sowie Zieräpfel, der Taubenbaum und der Blumen-Hartriegel. Spät im Sommer schmückt sich der Blasenbaum mit leuchtend gelben Blütenrispen. Fächerahorne, Schlangenhautahorne und der Eisenholzbaum treten durch ihr attraktives Laub und das brillante Farbenspiel ihrer Blätter im Herbst in Erscheinung. Zieräpfel, Weißdorn, Eberesche und der Blasenbaum schließen den Reigen der Jahrszeiten mit besonders reichem Fruchtschmuck. Immergrüne Blätter sind dagegen das Privileg der Wintergrünen Eiche.

Die meisten kleinkronigen Zierbäume bevorzugen vollsonnige Standorte und mäßig feuchten, mäßig nährstoffreichen Boden. Der Boden sollte locker sein, und es darf keine Staunässe auftreten. Die Tulpenmagnolie, Fächerahorne, der Eisenholzbaum und der Blumen-Hartriegel gedeihen am besten auf neutralen bis leicht sauren Böden. Eine Unterpflanzung kleinkroniger Bäume mit Zwiebelpflanzen oder Stauden betont deren Zierwert auch außerhalb ihrer Blütezeit.

Kleinkronige Bäume

Dt. und lat. Name	Kurzbeschreibung	Bodenansprüche
Fächerahorn *(Acer palmatum)*	Kleiner, oft mehrstämmiger Baum, zierliche Blätter, prächtige Herbstfärbung	Lockerer, mäßig humoser, möglichst kalkarmer Gartenboden
Schlangenhautahorn, Davids Ahorn *(Acer davidii* u. andere Arten)	Meist mehrstämmiger Kleinbaum, attraktive weiße Rindenzeichnung, prächtige Herbstfärbung	Lockerer, mäßig humoser, möglichst kalkarmer Gartenboden
Judasbaum *(Cercis siliquastrum* und *C. canadensis)*	Mehrstämmiger, lockerwüchsiger Kleinbaum, reicher lilarosa Blütenschmuck im April/Mai am alten Holz	Benötigt vollsonnigen Standort und gut durchlässigen Boden in milder Klimalage; kalkliebend!
Blumen-Hartriegel *(Cornus florida)*	Kleinkroniger Baum mit lockerer Krone, attraktive weiße oder rosa Blüten (Mai), rote Herbstfärbung	Bevorzugt mäßig nährstoffreichen, mäßig feuchten Boden, neutral bis leicht sauer
Weißdorn *(Crataegus* in Arten und Sorten)	Meist mehrstämmiger Kleinbaum, Blüte im Mai, reicher Fruchtschmuck im Herbst	Sehr anspruchslos an Boden und Klima, aber Feuerbrand-Wirtspflanze
Taubenbaum *(Davidia involucrata)*	Exotisch wirkender kleiner Baum, prächtige weiße Blüten (Hochblätter) im Mai	Mäßig nährstoffreicher Gartenboden; benötigt mehr als zehn Jahre bis zur ersten Blüte!
Blasenbaum *(Koelreuteria paniculata)*	Ein- oder mehrstämmiger kleiner Baum, gefiederte Blätter, goldgelbe Blütenrispen (Juli), lampionförmige Früchte im Herbst	Trockenheits- und kalkliebend, bevorzugt wärmere Standorte
Zierapfel *(Malus* in Arten und Sorten)	Kleinkronige Bäume, weiße, rosa oder rote Blüten (Mai), attraktiver Fruchtschmuck im Herbst	Mäßig nährstoffreicher Gartenboden
Tulpenmagnolie *(Magnolia × soulangeana* in Sorten)	Meist mehrstämmiger Kleinbaum, große rosa oder weißliche Blüten (April) vor dem Laubaustrieb	Bevorzugt mäßig nährstoffreichen, mäßig feuchten Boden, neutral bis leicht sauer
Eisenholzbaum, Parrotie *(Parrotia persica)*	Mehrstämmiger kleiner Baum, attraktive Rinde und brillante Herbstfärbung	Mäßig feuchter Gartenboden, bevorzugt neutrale bis leicht saure Böden
Zierkirsche *(Prunus* 'Accolade', *P. cerasifera* 'Nigra', *P. subhirtella* in Sorten)	Kleinerer Baum, prächtige einfache oder gefüllte rosa Blüte, Herbstfärbung	Anspruchslos
Wintergrüne Eiche *(Quercus × turneri* 'Pseudoturneri')	Kleiner Baum, dichte Krone und wintergrüne Blätter	Trockenheits- und kalkverträglich, wärmebedürftig
Gewöhnliche Eberesche *(Sorbus aucuparia)*	Kleiner Baum mit schlanker Krone, weiße Blütenrispen im Mai/Juni, leuchtend roter Fruchtschmuck im Herbst	Bevorzugt kühlfeuchte Standorte, ist aber sehr anpassungsfähig an Boden und Klima

Kugelbäume, Säulen- und Hängeformen

Bäume mit Kugelkronen – streng und formal!

Kleine Bäume mit Kugelkronen sind Veredelungen, die aus der Verbindung einer Mutterpflanze mit einer nicht erbgleichen Unterlage entstehen. Die meisten blühen nicht, sondern schmücken sich durch ein besonderes Blätterdach, wirken aber eher „streng". Ausschließlich die Kugel-Steppenkirsche schmückt sich im Frühjahr mit kleinen weißen Blüten. Etwas unauffälliger blühen der Kugel-, sowie der Feldahorn und die Kugel-Blumenesche. Bäume mit Kugelkronen können, gestalterisch richtig eingeplant, sehr interessante Räume im Garten schaffen, z. B. einen Eingangsbereich besonders hervorheben.

Bäume mit Kugelkronen

Dt. und lat. Name	Höhe in m	Breite in m	Besonderheiten
Kugel-Feldahorn (*Acer campestre* 'Nanum')	4–5	2–3	Dicht, kleinlaubig; anspruchslos
Kugelahorn (*Acer platanoides* 'Globosum')	5–7	3–5	Dicht, große Blätter, gelb blühend; anspruchslos
Kugel-Trompetenbaum (*Catalpa bignonioides* 'Nana')	4–6	2–3	Dicht, große Blätter, nicht blühend; benötigt offenen Boden
Kugel-Maulbeerbaum (*Morus alba* 'Nanum')	4–6	2–3	Dicht, kleinlaubig, Blüte unscheinbar; wärmeliebend
Kugel-Blumenesche (*Fraxinus ornus* 'Mecsek')	4–6	3–4	Gefiederte Blätter, kaum blühend; sehr trockenheitsverträglich
Kugel-Steppenkirsche (*Prunus fruticosa* 'Globosa')	3–5	2–4	Feintriebig und kleinlaubig, weiße Blüte im Mai, Herbstfärbung; bevorzugt trockene, kalkhaltige Böden
Kugel-Robinie (*Robinia pseudoacacia* 'Umbraculifera')	4–6	3–4	Meist frischgrüne, gefiederte Blätter, blüht nicht; bevorzugt frische, nährstoffreiche, trockene Böden
Kugel-Feldulme (*Ulmus minor* 'Nana')	3–5	2–3	Kleinlaubig, Blüte unscheinbar; trockener bis frischer nährstoffreicher Boden

Säulenförmige Bäume – Ausrufezeichen!

Säulenformen benötigen nur wenig Platz und machen als "Rufzeichen" auf sich aufmerksam. Bedenken Sie vor der Auswahl die endgültige Größe der Bäume. Säulenformen müssen immer frei stehen und dürfen von anderen gleich hohen oder höheren Bäumen nicht bedrängt werden!

Laubzierende Gehölze wie die Säulen-Blutbuche und die Säulen-Eibe kommen auch noch mit ost- oder nordseitig gelegenen, halbschattigen Standorten gut zurecht.

Die Sorte 'Globosa', eine Kugel-Steppenkirsche, schmückt sich mit schönem Herbstlaub.

Hänge- und Trauerformen: von Traurigkeit keine Spur!

Besonders interessant sind für den kleinen Garten Bäume mit Hängekronen und Trauerformen.

Säulenförmige Bäume

Dt. und lat. Name	Höhe in m	Kurzbeschreibung
Säulen-Rotbuche (*Fagus sylvatica* 'Dawyck')	8–12	Schmal aufrechter Baum, 'Dawyck Purple' mit dunkelrotem Laub; recht anspruchslos
Säulen-Tulpenbaum (*Liriodendron tulipifera* 'Fastigiata')	8–15	Anfangs schmal, später breiter, leuchtend gelbe Herbstfärbung; benötigt tiefgründigen, feuchten Boden
Säulen-Zierapfel (*Malus* 'Van Eseltine')	4–6	Vasenförmiger Wuchs, zartrosa bis hellrosa, halbgefüllte Blüte im Mai; tiefgründiger Standort wird bevorzugt
Säulen-Zierkirsche (*Prunus serrulata* 'Amanogawa')	4–6	Straff aufrechter Wuchs, dicht gefüllte, rosa Blüte im April, Herbstfärbung; anspruchslos
Säulen-Eberesche (*Sorbus aucuparia* 'Fastigiata')	5–7	Durchgehender Stamm und dicke Äste, weiße Blütenrispen (Mai), leuchtend rote Früchte im Herbst; anspruchslos
Säulen-Ginkgo (*Ginkgo biloba* 'Fastigiata' und 'Tremonia')	12–15	In der Jugend langsamwüchsig, männliche Form, keine Früchte, leuchtend gelbe Herbstfärbung; anspruchslos
Irischer Säulen-Wacholder (*Juniperus communis* 'Hibernica')	3–5	Schmal, dicht verzweigt, bläulich grüne Benadelung; sonniger Standort
Säulen-Kiefer (*Pinus sylvestris* 'Fastigiata')	5–8	Straff aufrecht wachsend, schmal, graublaugrüne Benadelung; anpassungsfähig
Säulen-Eibe (*Taxus baccata* 'Fastigiata Robusta')	4–7	In der Jugend schmal, schwarzgrüne Benadelung; frosthart, für lichten Schatten

'Youngii', eine Hänge-Birke, zeichnet sich durch einen zierlichen Wuchs und fast bis zum Boden reichende Äste aus.

Die Kronenschirme der Hänge-Esche *(Fraxinus excelsior* 'Pendula'), der Hänge- oder Lauben-Ulme *(Ulmus glabra* 'Pendula') und der Hänge-Zierkirsche *(Prunus subhirtella* 'Pendula') bieten sich besonders als schattige Dächer für Sitzplätze an. Die Hänge-Blutbuche *(Fagus sylvatica* 'Purpurea Pendula'), der Hänge-Maulbeerbaum *(Morus alba* 'Pendula') und die Hänge-Kätzchenweide *(Salix caprea* 'Pendula') sollten hingegen frei stehen, weil ihre Äste nahe am Stamm fast senkrecht zum Boden wachsen. Zu den standorttoleranten Arten zählen die Trauer-Birke, die Hänge-Hainbuche und die Hänge-Zierkirsche.

Hänge- und Trauerformen

Dt. und lat. Name	Höhe in m	Kurzbeschreibung
Trauer-Birke *(Betula pendula* 'Youngii')	4–6	Kleiner Baum mit schirmartiger Krone und senkrecht herunterhängenden Ästen; standorttolerant
Hänge-Hainbuche *(Carpinus betulus* 'Pendula')	5–10	Breit ausladende, malerische Schirmkrone mit überhängenden Ästen, gelbe Herbstfärbung; anspruchslos
Hänge-Blutbuche *(Fagus sylvatica* 'Purpurea Pendula')	3–5	Schwachwüchsiger Baum mit gleichmäßiger Krone, Äste fast senkrecht bis zum Boden hängend, schwarzrote Blätter; recht anspruchslos
Hänge-Esche *(Fraxinus excelsior* 'Pendula')	10–12	Äste und Zweige kaskadenartig herunterhängend, im Alter Schirmkrone bildend; braucht tiefgründigen, nährstoffreichen Boden
Hänge-Zierapfel 'Red Jade' *(Malus* 'Red Jade')	4–6	Malerischer Kleinbaum mit zierlich überhängender Krone, weiße Blüte im Mai, rote Früchte im Herbst; recht anspruchslos
Hänge-Maulbeerbaum *(Morus alba* 'Pendula')	3–4	Starke, fast senkrecht überhängende Äste; wärmeliebend
Hänge-Zierkirsche *(Prunus subhirtella* 'Pendula')	3–4	Zierkirsche mit zierlich überhängenden Ästen, reichem Blütenschmuck, rosa Blüte im April, auch gefüllt blühende Sorten, Herbstfärbung; anspruchslos
Hänge-Kätzchenweide, Salweide *(Salix caprea* 'Pendula')	1,8–2	Kleinkroniger Zierbaum, Zweige schleppenartig bis zum Boden herabhängend, männliche Sorte, reichblühend im März/April; frischer, feuchter, nährstoffreicher Boden wird bevorzugt
Hänge-Ulme *(Ulmus glabra* 'Pendula')	4–5	Kleiner Baum mit dachartiger, dicht verzweigter Krone, Äste schirmartig ausgebreitet, Triebspitzen überhängend; lockerer, nährstoffreicher Boden wird bevorzugt

Solitärsträucher – ein Blickfang

Solitärsträucher machen durch ihren besonderen Habitus sowie durch Blatt-, Rinden-, Blüten- oder Fruchtwirkung auf sich aufmerksam. Meist sind es Großsträucher, die eine Höhe von 3 bis 5 m erreichen. Damit sie gut zur Geltung kommen, werden diese Sträucher immer nur einzeln gepflanzt und so platziert, dass sie eine bestimmte Stelle im Garten hervorheben.

Solitärsträucher

Dt. und lat. Name	Höhe in m	Kurzbeschreibung
Strauch-Rosskastanie *(Aesculus parviflora)*	2–4	Ausläufertreibend, breiter als hoch, bis zu 30 cm lange aufrechte Blütenrispen im Juli/August; tiefgründiger Boden wird bevorzugt
Teufels-Krückstock, Japanische Aralie *(Aralia elata)*	3–5	Mehrstämmiger, dicktriebiger Strauch mit bis zu 70 cm langen, doppelt gefiederten Blättern, stachelige Zweige; braucht fruchtbare, feuchte Erde
Schlangenhautahorne *(Acer davidii, A. capillipes, A. pensylvanicum* u. a.)	4–6	Mehrstämmiger Großstrauch, glänzend grüne Rinde mit weißer Längszeichnung, prächtige Herbstfärbung; toleriert Sonne und Halbschatten
Fächerahorn *(Acer palmatum* in Sorten)	2–4	Sorten mit unterschiedlichen Wuchsformen, Blattformen und -farben, prächtige Herbstfärbung; nährstoffreicher Boden in Sonne und Halbschatten
Feuerahorn *(Acer tataricum* subsp. *ginnala)*	4–6	Weit ausladende Äste, leuchtend rote Herbstfärbung; nährstoffreicher Boden in Sonne und Halbschatten
Kupfer-Felsenbirne *(Amelanchier lamarckii)*	4–6	Mehrstämmig, kupferroter Austrieb, überreiche weiße Blüte (April), leuchtend orangerote Herbstfärbung; eher saurer Boden wird bevorzugt
Japanischer Blumen-Hartriegel *(Cornus kousa)*	4–6	Eleganter Strauch, Blütenstände mit je vier großen, weißen Hochblättern im Juni, scharlachrote Herbstfärbung; neutraler bis saurer Boden
Zaubernuss *(Hamamelis × intermedia)*	2–4	Breit trichterförmiger Wuchs, gelbe, orange oder rote Blüten (Jan.-März), Herbstfärbung; saurer bis neutraler Boden
Goldregen 'Vossii' *(Laburnum × watereri* 'Vossii')	4–5	Trichterförmiger Wuchs, dreizählige Blätter, bis zu 50 cm lange goldgelbe Blütenrispen im Mai; verträgt volle Sonne

Begrenzungen

GEHÖLZGRUPPEN § Hier tritt der Habitus der einzelnen Pflanzen auf Kosten der Gruppenwirkung zurück. Die Gruppe oder Hecke kann aus einer einzigen Gehölzart bestehen (z. B. Spiersträucher, Wildrosen oder Schneebeeren). Meist werden aber verschiedene Gehölze miteinander kombiniert. Dies können heimische Wildgehölze (z. B. Schneebälle, Liguster, Hartriegel) sein, meist werden aber Ziersträucher wie Forsythien, Weigelien, Heckenkirschen, Hibiskus und andere mit verwendet. Dadurch ergibt sich ein attraktives Ensemble, das sich im Laufe der Jahreszeiten ständig verändert. Gruppen- und Heckensträucher sind gewöhnlich anspruchslos an den Standort und das Klima und gut schnittverträglich. Ein regelmäßiger Auslichtungsschnitt ist erforderlich.

FREIWACHSENDE EINREIHIGE BLÜTENHECKEN § bestehen in der Regel aus einer einzigen Gehölzart. Verwenden Sie für niedrigere Hecken Spiersträucher *(Spiraea japonica)* oder Zierquitten, für mittelhohe Hecken den Belgischen Spierstrauch *(Spiraea × vanhouttei)* oder Berberitzen *(Berberis thunbergii* oder *B. × ottawensis)*. Höher wachsende Hecken lassen sich aus dem Gemeinen Flieder *(Syringa vulgaris)*, dem Chinesischen Flieder *(Syringa × chinensis)* oder dem Falschen Jasmin *(Philadelphus coronarius)* heranziehen.

TIPP **Die Blütenhecke sollte nicht aus einer planlosen Aneinanderreihung von Ziersträuchern bestehen. Setzen Sie jeweils zwei bis drei gleiche Pflanzen zusammen und wiederholen Sie diese Gruppierung innerhalb der Hecke. Zwischen die Blütensträucher pflanzt man weniger auffällige Füllsträucher wie Heckenkirschen oder Schneebeeren.**

FREIWACHSENDE MEHRREIHIGE BLÜTENHECKEN § brauchen viel Platz. Verschiedene anspruchslose Blütensträucher wie Sommerflieder, Hibiskus, Perückenstrauch, Forsythien können miteinander kombiniert werden. Anstatt in einer Reihe werden die Pflanzen hier z. B. im Verband gepflanzt.

Die Schneebeere dient als Füllstrauch in Blütenhecken.

Vielfach einsetzbar

Grund und Boden wird immer teurer, deshalb werden Gärten zunehmend kleiner. Baumschulen und Gartencenter haben sich darauf eingestellt und bieten deshalb verstärkt kleine Sträucher in einer großen Sortenvielfalt an. Darunter befinden sich reich und lange blühende Sorten, die meist auch sehr anspruchslos sind, aber auch Blattschmuck-Gehölze.

Bodendecker

Bodendecker sind niedrig bleibende Stauden oder Gehölze, die in der Lage sind, eine Fläche durch unterirdische Ausläufer oder niederliegende Zweige dicht zu bewachsen oder zu bedecken. Sie sind besonders für schwierige Bereiche geeignet.

Kleinsträucher

Das umfangreiche Sortiment an Kleinsträuchern bietet sich für kleine Gärten und Vorgärten, aber auch für die Bepflanzung von Balkon und Terrasse an. Es gibt Sträucher, die von Natur aus schwachwüchsig sind und klein bleiben wie der Gewöhnliche Fingerstrauch, Johanniskrautarten oder die Bartblume. Darüber hinaus gibt es von den meisten bekannten Ziersträuchern wie dem Falschen Jasmin, Forsythien oder auch von Zieräpfeln kleinwüchsige Sorten, die sich zur Verwendung in kleinen Gärten hervorragend eignen.

Kleinsträucher

Kleinsträucher sind schwachwüchsig und überschreiten eine Wuchshöhe und -breite von 1,5 m kaum.

Kleinsträucher lassen sich gestalterisch vielfältig einplanen, z. B. als niedrige optische Abgrenzung bestimmter Gartenteile oder als Wegbegrenzung. Als kleine Gruppe bestehend aus zwei bis drei Pflanzen lassen sie sich gut mit Stauden kombinieren. Genauso gut ist die Bepflanzung von Trögen und Gefäßen auf Terrassen oder dem Balkon möglich.

Das Blütenspektrum der Kleinsträucher reicht von Gelb (Johanniskraut und Gewöhnlicher Fingerstrauch) über Blau (Bartblume und Blauraute) bis Rosa (Mandelröschen) und Rot (sommerblühende Spiersträucher). Sie blühen vom zeitigen Frühjahr (Zwerg-Forsythie) bis in den späten Sommer (Bartblume). Fruchtschmuck bieten unter anderem Sorten einiger Johanniskrautarten (z. B. *Hypericum × inodorum* 'Autumn Blaze') und der Davids Schneeball. Die Blätter des Birkenblättrigen Spierstrauches *(Spiraea betulifolia)* färben sich im Herbst leuchtend rot.

'Little Princess', eine Japanische Spierstrauchsorte, die sich besonders für eine romantische Bepflanzung eignet.

Bodendecker

Bodendeckende Gehölze werden dort eingesetzt, wo eine Fläche im Garten dicht (bodendeckend) zuwachsen soll, ohne dabei später viel Arbeitsaufwand zu verursachen. Besonders problematische Gartenecken, die schlecht erreichbar, zu trocken oder zu nass sind, werden häufig mit Bodendeckern bepflanzt. Achten Sie vor der Bepflanzung darauf, dass der Boden frei von Wurzelunkräutern ist. Als immergrüner Bodendecker bietet sich das reichblühende Großblütige Johanniskraut besonders an. Aber auch die Kriech-Himbeere bildet eine flachen Teppich aus dunklen immergrünen Blättern, vorausgesetzt der Standort ist nicht allzu sonnenexponiert. Der Efeu wird noch im Schatten unter Bäumen garantiert eine dichte immergrüne Bodendecke bilden. Kleinere Flächen lassen sich auch mit dem Kletternden Spindelstrauch *(Euonymus fortunei* in Sorten) oder mit der Kriechenden Mahonie *(Mahonia repens)* erfolgreich begrünen.

Kleinsträucher

Dt. und lat. Name	Höhe in m	Kurzbeschreibung
Buchs **(*Buxus sempervirens* 'Suffruticosa')**	**0,6**	**Dichter, immergrüner Kleinstrauch; wasserdurchlässiger Boden im Halbschatten**
Zwerg-Blutberberitze **(*Berberis thunbergii* 'Atropurpurea Nana')**	**0,6**	**Rotblättrig, für kleine Gruppen, mit niedrigen Stauden kombinieren; anspruchslos**
Bartblume **(*Caryopteris* × *clandonensis* in Sorten)**	**1,2**	**Spätsommerblüher, blaue Blütenstände; wasserdurchlässiger Boden in voller Sonne**
Elfenbein-Ginster **(*Cytisus* × *praecox*)**	**1,5**	**Reichblühender Frühjahrsblüher (Mai) für trockene Standorte**
Johanniskraut 'Hidcote' **(*Hypericum* 'Hidcote')**	**1,0**	**Attraktiver Sommerblüher mit großen, leuchtend gelben Blüten; für sonnige Standorte**
Gewöhnlicher Fingerstrauch **(*Potentilla fruticosa* in Sorten)**	**1,3**	**Lange blühender Kleinstrauch mit gelben, weißen oder rötlichen Blüten; volle Sonne**
Sommerblühender Spierstrauch **(*Spiraea japonica* in Sorten)**	**1,0**	**Robuster Kleinstrauch mit rosa, roten oder weißen Blüten im Frühsommer; fruchtbarer Boden, sonniger Standort**
Davids Schneeball **(*Viburnum davidii*)**	**0,5**	**Ausläufertreibender, immergrüner Kleinstrauch mit weißen Blüten im Mai und stahlblauen Früchten im Herbst; benötigt kalkarmen Boden**

Die Kriech-Himbeere 'Emerald Carpet' mag es im Winter nicht ganz so kalt. Suchen Sie einen etwas geschützten Standort aus.

Ein Weg zum Haus ganz von Bodendeckern umrahmt wirkt sehr verträumt und ist darüber hinaus auch noch pflegeleicht.

Ein weiterer Einsatz von bodendeckenden Laubgehölzen ist die Bepflanzung von Böschungen und Hängen. Außerdem eignen sie sich gut als Rasenersatz. Geschnitten werden kriechende und flach wachsende Bodendecker nur, wenn sie sich zu stark ausbreiten. Je größer die Fläche ist, die Sie mit bodendeckenden Laubgehölzen bepflanzen wollen, desto höher können auch die Pflanzen sein.

Sonnenexponierte Böschungen kann man auch mit niedrigen Wacholderarten wie den flachwüchsigen Auslesen des heimischen Wacholders, z. B. dem Kriechwacholder *(Juniperus communis* 'Repanda' oder 'Hornbrooki') begrünen. Auch der Tamariskenwacholder *(Juniperus sabina* 'Tamariscifolia') bietet sich wegen des flachen Wuchses für eine dichte Böschungsbegrünung an.

Bodendecker

Dt. und lat. Name	Höhe in m	Kurzbeschreibung
Efeu *(Hedera helix)*	0,2	Robuster immergrüner Bodendecker; auch für extrem schattige Lagen geeignet
Großblütiges Johanniskraut *(Hypericum calycinum)*	0,3	Reichblühender, Ausläufer treibender Bodendecker, auch für halbschattige Standorte
Lorbeer-Kirsche 'Mount Vernon' *(Prunus laurocerasus* 'Mount Vernon'*)*	0,5	Niedrigwachsende Sorte mit frischgrünen Blättern; braucht feuchten, wasserdurchlässigen Boden
Kriech-Himbeere *(Rubus pentalobus)*	0,2	Flachwachsender Bodendecker mit immergrünen Blättern; benötigt im Winter geschützten Standort oder Schneedecke

Ziergehölze für besondere Standorte

Die meisten Ziergehölze wachsen auf Gartenböden mit mäßigem Nährstoffgehalt und ausreichender Bodenfeuchte gut. Doch nicht immer bieten unsere Gärten diese Bedingungen. Häufig handelt es sich um heiße, sonnenintensive Südlagen oder nord- und ostseitig gelegene Schattenplätze. Der Standort kann vernässt, der Boden extrem kalkhaltig, manchmal sogar sauer sein. Doch für jeden Platz gibt es die geeignete Pflanze.

Hitze und Trockenheit

Auf den ersten Blick könnte man meinen, für das Gedeihen von Ziergehölzen sind Hitze und Trockenheit ungünstig. Das trifft sicher auch für einige Gehölzarten zu. Andererseits gibt es zahlreiche Standorte in der Natur, wo sich genau unter solchen Bedingungen eine prächtige Vegetation eingestellt hat, z. B. an den sogenannten Reliktstandorten auf reinen Kalkböden mit geringer Humusauflage oder in den Gebieten entlang der Thermenlinie mit fast mediterranem Charakter. Versuchen wir, uns von der Natur einfach etwas abzuschauen.

Der Binsenginster *(Spartium junceum)* stammt aus dem Mittelmeerraum und kann bis zu 3 m hoch werden. Insbesondere die Früchte sind giftig.

Geeignete Ziergehölze

Als Blütenbaum für sonnige, trockene Standorte eignet sich die Blumenesche, deren weiße Blütenrispen im Juni erscheinen. Empfehlenswert ist außerdem der Gewöhnliche Judasbaum, der im Mai über und über mit lilafarbenen Blüten bis in den Stamm hinein überzogen ist.

An der geschützten Hausmauer kann sich an wärmeren Standorten, an einem Spalier gezogen, auch die Feige *(Ficus carica)* wohlfühlen. Für den Sichtschutz oder als Solitärstrauch bietet sich die großfrüchtige Kornelkirsche *(Cornus mas* 'Jolico' u. a. m.) an. Gelber Blütenschmuck im März und reiche Ernte verwertbarer roter Dirndl-Früchte im Spätsommer versprechen wahre „Highlights" im Garten. Aber auch der laubzierende Europäische Perückenstrauch *(Cotinus coggygria)* mit seiner prächtigen Herbstfärbung fühlt sich unter trockenen Bedingungen sehr wohl. Den ganzen Sommer hindurch blüht der Sommerflieder, insbesondere die zierlichen schwachwüchsigen Sorten ('Nanho Blue' oder 'Nanho Purple'). Ähnlich gut entwickelt sich auf sonnigen Standorten der Mönchspfeffer, sein interessantes Laub ergänzt er mit zahlreichen blauen Blütenrispen im Sommer. Ein anderer Vertreter trockenheitsliebender Pflanzen ist der Binsenginster. Er produziert den ganzen Sommer über unermüdlich seine 2 cm großen, leuchtend gelben Schmetterlingsblüten.

An Kleinsträuchern empfiehlt sich der überaus robuste Zwergflieder *(Syringa meyeri* 'Palibin').

Auch die wenig bekannte blau blühende Französische Hybrid-Säckelblume *(Ceanothus × delilianus* 'Gloire de Versailles') kommt mit diesen Bedingungen gut zurecht, sie blüht von Juli bis Oktober.

Optimale Standortbedingungen findet die tiefblau blühende Bartblume ('Kew Blue', 'Blauer Spatz' u. a. m.) an trockenen Plätzen vor. Auch die Blauraute ('Blue Spire') fügt sich in die Reihe der blau blühenden Kleinsträucher ein, während Johanniskräuter *(Hypericum* 'Hidcote', *H. × inodorum* in Sorten) im Sommer kräftige gelbe Farbtöne in die Pflanzung bringen.

Die Bartblume 'Kew Blue' setzt im Spätsommer blaue Akzente.

Alle Ginsterarten sind optimal an sonnige Standortbedingungen angepasst. Mit ihrer Pfahlwurzel sind sie gut verankert, ihre Blätter sind extrem reduziert, damit sie nicht unnötig Wasser verlieren. Der Färber-Ginster *(Genista tinctoria)* und der Lydische Ginster *(G. lydia)* sind ausgeprägte Frühsommerblüher, die eine Fülle von leuchtend gelben Blüten produzieren. Auch die verschiedenen Cytisus-Arten wie der Schwarzwerdende Geißklee *(Cytisus nigricans* 'Cyni'), der Elfenbein-Ginster, der kaum 30 cm hohe Zwerg-Elfenbein-Ginster *(C. × kewensis)* und der niederliegende Behaarte Ginster *(Genista pilosa)* eignen sich für heiße, trockene Standorte.

Herbststimmung durch das bunte Laub des Perückenstrauches

Frosthärte erhöhen

Viele Pflanzen, die heiße, trockene Standorte bevorzugen, stammen aus wärmeren Regionen, die allerdings häufig nur bedingt frosthart sind. Man kann ihnen dennoch einen Platz im Garten bieten, allerdings müssen sie ihr Wachstum rechtzeitig vor dem Winter abschließen. Werden Sie noch spät im Sommer mit Nährstoffen versorgt oder wachsen sie auf nährstoffreichen Böden, verlängert sich ihre Vegetationszeit zum Nachteil der Frosthärte. Auf weniger trockenen, aber dennoch sonnigen Standorten kann man den Boden vor der Pflanzung abmagern, d. h. Sand oder Kies in den Oberboden einarbeiten.

Abmagern

Um einen Gartenboden abzumagern, ihn nährstoffärmer und vor allem durchlässiger zu machen, bringt man in den Oberboden bis in etwa 30 bis 40 cm Tiefe grobes Material wie Kies oder Quarzsand ein. Der Anteil des eingearbeiteten Materials sollte etwa 20 bis 30 % betragen.

Kein Schattendasein

Schatten im Garten wird vor allem bei der Gehölzauswahl immer als problematisch angesehen. Es ist schon richtig, dass in Schattenbereichen die Blütenfülle der Gehölze etwas zu wünschen übrig lässt. Nehmen Sie die Herausforderung an und machen sie aus diesen „Problemstandorten" im Garten „Grüne Oasen". Ein englischer Gärtner – auf das Thema „Schatten" angesprochen – sagte einmal: „Wenn es im Garten keine Standorte mit Schatten gäbe, so müsste man diese eben schaffen!"

Schattengärten wirken verwunschen und geheimnisvoll.

Schatten ist nicht gleich Schatten

Bevor wir uns dem Thema nähern, muss klar sein: Schatten ist nicht gleich Schatten! Schatten kann durch Bäume, durch eine hohe Mauer oder durch die Nordseite eines Gebäudes verursacht werden. Wesentlich ist auch, ob der schattige Bereich trocken oder eher feucht ist. Z. B. wird durch das Blätterdach eines Baumes der Regen abgehalten, zusätzlich aber wird durch den dicht durchwurzelten Boden auch die Bodenfeuchte vom Baum absorbiert. Hier wird eine Unterpflanzung ohne zusätzliche Bewässerung nicht erfolgreich sein. Gelangt Regenwasser jedoch bis auf den Boden und steht dieses den Pflanzen im Wurzelbereich zur Verfügung, dann lassen sich reizvolle Oasen im Schatten gestalten.

Bodenverhältnisse prüfen

Viele Ziergehölze gedeihen im lichten Schatten auf mäßig nährstoffreichen, leicht sauren, neutralen oder leicht kalkhaltigen Böden gut, wenn die Bodenfeuchte stimmt. Eine Reihe sommergrüner wie immergrüner, blüten- oder nur laubzierender Ziergehölze kommen hier in Frage. Einige reichblühende immergrüne Laubgehölze wie Rhododendren benötigen allerdings bodensaure Standorte. Wenn Sie diese Pflanzen verwenden möchten, sollten sie den Boden entsprechend verbessern (siehe Kapitel Saure Böden).

Gehölzarten für schattige und trockene Plätze

- Geeignet ist die kaum 1,5 m hohe, kompakt wachsende Form der Gemeinen Heckenkirsche *(Lonicera × xylosteoides* 'Clavey's Dwarf'), die Tatarische Heckenkirsche (*Lonicera tatarica*) mit den beiden besonders schönen Sorten 'Arnold Red' und 'Hack's Red', mit intensiv dunkelroten Blüten, schwachwüchsige Ligustersorten *(Ligustrum vulgare)*, insbesondere 'Lodense', sowie zahlreiche Schneebeerenarten (*Symphoricaropos*). Wenn der Knallerbsenstrauch *(S. albus* in Sorten) zu groß wird, empfiehlt sich die besser geeignete Korallenbeere *(S. orbiculatus)*. Sie wird diesen Standort mit ihren zahlreichen Wurzelschösslingen sicher bewachsen, zusätzlich belebt sie schattige Bereiche mit ihren zahlreichen dunkelroten Früchten bis in das Frühjahr hinein.
- Auch Buchs *(Buxus sempervirens)* fühlt sich an schattigen Plätzen wohl.
- Und wenn nichts mehr wächst, dann hilft immer noch Efeu, um den Boden zumindest abzudecken und dezent zu begrünen.

Auch auf Extremstandorten fühlt sich die Tatarische Heckenkirsche 'Hack's Red' wohl.

Regenschatten und Wurzeldruck – ein schwieriger Standort

Äußerst ungünstig ist der Standort für Ziergehölze, wenn Schatten und Trockenheit gleichzeitig auftreten. Hier können nur mehr wenige Gehölze bestehen, vorausgesetzt die Anwuchspflege wird ordnungsgemäß durchgeführt.

Lichter Schatten und offener Boden

Die Bodenvorbereitung besteht im Wesentlichen in einer tiefgründigen Lockerung des Bodens. Die Einbringung gut verrotteten Komposts (nicht tiefer als 20 bis 25 cm) wirkt darüber hinaus Wunder! Bei stark kalkhaltigem Boden kann zusätzlich leicht verrottete Rinde eingearbeitet werden, dadurch sind Sie in der Gehölzauswahl nicht ganz so stark eingeschränkt. Sorgen Sie auch dafür, dass der Boden mäßig feucht bleibt. Für die meisten Ziergehölze wie Fächerahorn, Blumenhartriegel und Zaubernuss sind diese Maßnahmen ausreichend.

TIPP **Legen Sie auf eine gute Bodenvorbereitung größten Wert! Alles Weitere sollte auf halbschattigen Standorten kein großes Problem darstellen. Dies lässt sich auch einfach erklären: Viele der Ziergehölze wachsen an ihrem natürlichen Standort im Unterwuchs der Wälder!**

Blütengehölze für lichtschattige Standorte

Die Zaubernuss bietet sich für leicht beschattete Standorte in Hausnähe deshalb an, weil sie bereits mitten im Winter ihre bezaubernden, oft zart duftenden Blüten öffnet. 'Westerstede' zeichnet sich durch gelbe Blüten im Februar/März, regelmäßige Blühwilligkeit und lange Blühdau-

Ein Wintergemälde zaubert die Zaubernusssorte 'Diane' mit ihren roten Blüten in den Garten.

er aus. 'Diane' ist sicher eine der schönsten Sorten, sie besticht durch ihre großen Blüten von intensivroter Farbe, darüber hinaus weist der Strauch eine brillante leuchtend rote Herbstfärbung auf.

Mit etwa 2 bis 4 m wird der Schneeflockenstrauch *(Chionanthus virginicus)* zwar etwas größer, aber er schmückt sich Ende Mai/Anfang Juni mit überaus zierlichen weißen Blütenbüscheln.

Auch die meisten Schneeballarten tolerieren lichten Schatten noch gut, wenn die übrigen Parameter wie Bodenfeuchte stimmen. Besonders reizvoll sind die Sorten des Japanischer Schneeballs *(Viburnum plicatum)*. Seine flachen, tellerartigen weißen Blütenrispen erscheinen in großer Anzahl von Mai bis Juni. Sie können zwischen stärkerwüchsigen Sorten wie 'Mariesii' oder den schwachwüchsigen Sorten 'Pink Beauty' und 'Watannabe' wählen.

Ein attraktives Solitärgehölz für schattige Standorte im bereits eingewachsenen, d. h. schon älteren Garten ist der 3 bis 4 m hohe Teufels-Krückstock *(Aralia elata)*. Mit seinen dicken, bestachelten Trieben, den extrem großen, doppelt gefiederten Blättern und den weißlichen Blütenrispen im Sommer prägt er seine Umgebung.

Hortensien, insbesondere die Raublatthortensien *(Hydrangea aspera* subsp. *aspera)*, und Samthortensien *(H. aspera* subsp. *strigosa)* sind wahre Schätze im Schattengarten. Die aufrecht wachsenden Sträucher werden 2 bis 3 m hoch, ihre wenig verzweigen, dicken Triebe sind anfangs mit rosaroten Zotten dicht bedeckt. Samthortensien setzen kräftige Akzente im Garten mit ihren 20 bis 30 cm großen, rau oder samtig behaarten Blättern und den endständigen großen, flachen Tellerblüten. Ihre rosa, violetten oder bläulichen fertilen Innenblüten kontrastieren sehr schön zu den 2 bis 3 cm großen sterilen weißen Randblüten. Attraktiv ist auch die lange Blütezeit im Sommer von Juni bis August. Im Gegensatz zu ihren Verwandten, den Rispenhortensien, den Schneeballhortensien und den Garten-Hortensien, benötigen Samthortensien den Schatten unbedingt.

An dicht fallende Schneeflocken erinnern die Blüten des Schneeflockenstrauches.

Die Blüten des Japanischen Schneeballs 'Pink Beauty' verschönern jeden Schattengarten.

Weißbuntes zur Aufhellung im lichten Schatten

Gehölze mit panaschierten, also gezeichneten Blättern dienen vor allem in schattigen Gartenbereichen als Aufheller. Sehr gut wachsen hier beispielsweise noch die weiß gerandeten ('Ivory Halo' und 'Elegantissima') und gelb panaschierten ('Spaethii') Sorten des Tatarischen Hartriegels.

Als eleganter Großstrauch präsentiert der Buntblättrige Pagoden-Hartriegel *(Cornus controversa* 'Variegata') seine schönen, weiß gezeichneten Blätter. Der heimische weißbunte Schwarze Holunder *(Sambucus nigra* 'Marginata') ist ebenfalls für Schattenbereiche zu haben.

Diese ausgefallene Färbung präsentiert die Holundersorte 'Black Lace'.

Favoriten im Schatten – die Immergrünen

Es gibt keinen Platz im Schatten, den man nicht mit einer geeigneten Gehölzart begrünen könnte. Immergrüne Gehölze wachsen von Natur aus im Unterwuchs der Wälder und fühlen sich im Schatten wesentlich wohler als in der Sonne. Als Großstrauch oder kleiner Baum bietet sich die Stechpalme *(Ilex aquifolium, I. × meserveae*, sowie deren Sorten) an, die es in zahlreichen Sorten, sogar weiß- und gelbbunte, gibt. Bei den Lorbeerkirschen finden sich bis 3 m hohe ('Rotundifolia'), aber auch ebenso breit ausladende ('Schipkaensis Macrophylla') wie niedrigwüchsige Sorten ('Cherry Brandy', 'Mount Vernon'), die allesamt in weißen aufrechten Trauben im Mai blühen.

Schöne bis zu 2 m hohe Solitärgehölze im Schatten sind außerdem Japanische Mahonien (z. B. 'Hivernant'). Bereits im frühen Frühjahr öffnen sich ihre 20 bis 30 cm langen gelben Blütentrauben, die sich malerisch über den großen gefiederten Blättern erheben.

Natürlich gibt es auch zahlreiche Kleinsträucher für beengte schattige Gartennischen. Der kleine Ausläufer treibende Kissen-Schneeball mit seinen markanten Blättern, den weißen Blütenständen und den stahlblauen Früchten zählt ebenso dazu wie *Mahonia aquifolium* 'Maqu' sowie 'Apollo', die sich im April/Mai mit goldgelben Blüten und im Herbst mit dunkelblau bereiften Früchten schmücken. Als Bodendecker bieten sich die zahlreichen Sorten der Kriechspindel an.

Freiland-Fuchsien

Auf die winterharten Freiland-Fuchsien *(Fuchsia magellanica* 'Gracilis' und 'Riccartonii') sollte man auf keinen Fall verzichten, sie werden bei uns etwa 1 m hoch und breit. Sie frieren zwar jeden Winter bis über den Boden zurück, allerdings müsste man sie ansonsten ohnehin im zeitigen Frühjahr bis knapp über dem Boden zurückschneiden.
Mit zunehmendem Alter werden sie immer schöner und dichter, blühen unermüdlich von Juli bis in den Oktober hinein. Im Winter wird der Wurzelbereich mit Laub und Reisig abgedeckt.

Feuchtigkeit und Nässe

Bei Nässe wird die Versorgung der Wurzeln mit Sauerstoff unterbunden. Ist dieser Bodenzustand allerdings nur saisonal bedingt, kommen verschiedene Ziergehölze recht gut damit zurecht.

Die „Angepassten“

Allen voran ist hier der Faulbaum *(Frangula alnus)* zu nennen. Die Sorte 'Asplenifolia' erinnert ein wenig an einen geschlitztblättrigen Fächerahorn. Auch die Sorten des heimischen Schneeballs *(Viburnum opulus* 'Compactum' und 'Notcutts Variety') eignen sich für feuchte oder vernässte Standorte noch ganz gut.

Der Faulbaum zählt zu den Kreuzdorngewächsen, bildet aber keine Dornen aus.

Weiden sind naturgemäß optimal an feuchte bis nasse Standorte angepasst. Vor allem die Zwerg-Purpurweide *(Salix purpurea* 'Nana') und die Rosmarinblättrige Weide *(S. rosmarinifolia)* kommen für den kleinen Garten in Betracht, der Schwarze Holunder braucht dagegen Platz. Der Geschlitztblättrige Holunder 'Laciniata' ist aber sehr viel zierlicher als die Wildform.

Zwei zierliche weißblühende Ziergehölze sollten noch genannt werden: Die etwa 1,5 m hohe Zimterle *(Clethra alnifolia*, 'Ruby Spice' mit rosa Blüte), auch als Scheineller bekannt, mit ihrer attraktiven Sommerblüte, und der kaum 80 cm hohe Knopfbusch *(Cephalanthus occidentalis)*, der im Juli/August blüht.

Ziergehölze mit besonderem Wuchs und auffallendem Laub

Für den Garten gibt es einige sehr schöne Weidenarten und -sorten, wie z. B. die Drehweide 'Erythroflexuosa' oder die Korkenzieherweide *(Salix matsudana* 'Golden Curls') mit gedrehten, goldfarbenen Zweigen.
Alle Sorten des Tatarischen Hartriegels vertragen Nässe. Dasselbe gilt für den Gelbholzigen Hartriegel *(Cornus sericea* 'Flaviramea') und dessen weißbunte Varietät ('White Gold'). Auch die Kleine Blasenspiere *(Physocarpus opulifolius* 'Nanus'), sowie deren rotblättrige Sorte 'Diabolo' fühlen sich auf feuchten Standorten noch wohl.

Saure Böden

Auch wenn es im Garten nur selten saure Bodenverhältnisse gibt, so sollten die sogenannten „Moorbeetpflanzen" doch kurz vorgestellt werden. Vorwiegend handelt es sich um bei uns angepasste Rhododendren, aber auch andere attraktive Ziergehölze wachsen auf sauren Böden.

Der richtige Standort

Moorbeetpflanzen sind vorwiegend immergrüne Gehölze. Sie sollten an einem absonnigen Standort oder im lichten Schatten von Bäumen (50% Schattierung) gepflanzt werden, benötigen aber einige Stunden pro Tag volles Licht. Windexponierte Standorte und Zugluft sind zu vermeiden. Der Boden sollte ausreichend humos, ausreichend feucht, aber gut durchlüftet und wasserdurchlässig sein. Schwere lehmige, tonige sowie staunasse Böden sind ungeeignet. Sandige Lehmböden können mit Quarzsand, Lauberde und Rindenmulch aufgelockert werden. Rhododendren benötigen saure Böden mit einem pH Wert zwischen 4,5 und 5,5. Die neuen „INKARHO"-Rhododendren kommen allerdings auch auf Böden mit höheren pH-Werten noch gut zurecht.

Düngung und Pflege

Rhododendren und andere Moorbeetpflanzen sind überwiegend Waldpflanzen. Eine Mulchschicht aus Laub (Eiche, Buche, Esche, Linde etc.), verrottetem Rinderdung, Nadelstreu von Kiefern oder angerotterer Rinde vertragen sie gut.

Ein weniger bekanntes Gehölz für den sauren Gartenboden ist der Große Berglorbeer *(Kalmia latifolia)*. Die Sorte 'Ostbo Red' wird etwa 1,5 m hoch, ist immergrün und blüht von Ende Mai bis Juni. Die Lavendelheide *(Pieris japonica)* wird etwa 1,5 m hoch und wächst dabei dicht und kompakt. Bereits im März/April öffnen sich ihre weißen Glöckchenblüten, die in bis zu 12 cm langen Blütenständen vereint sind. Einige Sorten ('Forest Flame', 'Red Mill') treiben bereits im Abblühen glänzend karminrot (lackrot) aus. Die Glockige Prachtglocke *(Enkianthus campanulatus)* wird etwa 2 bis 2,5 m hoch. Sie ist sommergrün mit einer prachtvollen feurigroten Herbstfärbung.

Die Glockige Prachtglocke trägt ihren Namen zu Recht.

Verwendungs-möglichkeiten

Ziergehölze sind für Mensch und Tier wertvoll. Ihre Blüten dienen als Futterquelle für Insekten, das Geäst als Brut- und Aufenthaltsraum für Vögel, das Schnittgut, über Winter im Garten aufgehäuft, bietet Schutz und Quartier für verschiedene Tiere. Menschen genießen den Duft, bewundern die Blüten und verwenden die Zweige zur Dekoration. Und wer keinen Garten hat, pflanzt die Sträucher in Kübel für Terrasse und Balkon.

Bepflanzung von Terrasse und Balkon

Neben dem Garten werden auch Balkon und Terrasse von vielen Menschen mit Hingabe begrünt und bepflanzt. Manch einer verfügt sogar über einen Dachgarten. Auch hier können größere Tröge und Pflanzgefäße dauerhaft begrünt werden. Auf diese Weise gelingt es, leblose Betonfläche in lebende grüne Oasen umzuwandeln.

Pflanzgefäße und Substrat

Vor der Bepflanzung müssen Sie ein passendes Gefäß aussuchen: Ein Pflanzgefäß sollte immer etwas größer sein (etwa ein Drittel) als der Wurzelballen der Pflanze. Kontrollieren Sie, ob im Boden Löcher sind, denn sonst kann es zu Staunässe im Wurzelbereich kommen. Dagegen hilft zusätzlich eine 10 cm tiefe Drainageschicht aus Blähton oder anderen strukturstabilen Materialen, die auf den Boden des Topfes kommt.

Düngung und Umtopfen

Pflanzen in Gefäßen haben sehr viel weniger Nährstoffe zur Verfügung als im Gartenboden, denn ihr Platz ist begrenzt. Neben einer bereits mit Nährstoffen angereicherten Pflanzerde können während der Wachstumsperiode organische Dünger (z. B. Hornspäne zur Versorgung mit Stickstoff) zum Einsatz kommen. Sogenannte Langzeitdünger werden zum Wachstumsbeginn gegeben. Sie geben ihre Wirkstoffe nach und nach ab, sodass es zu keiner Überdüngung kommen kann.

Größere Pflanzen, die in 10, 15 oder 20 Liter Gefäßen wachsen, sollten Sie zumindest jedes zweite Jahr umtopfen. Dabei wird der Wurzelballen gelockert, die Wurzeln selbst leicht eingekürzt. Verwenden Sie für das Umtopfen gute torffreie Pflanzenerde oder Bio-Erde, die zwar etwas teurer ist, aber die Blüte fördert.

Substratmischung

Die Zusammensetzung des Substrates ist von größter Bedeutung. Meist sind die verwendeten Erdmischungen zu humusreich, und die Füllung schrumpft relativ schnell um 30 bis 50 %. Die Erde sackt ab, die Pflanzen verlieren ihre Standfestigkeit und verhungern regelrecht, weil der Humusanteil im Substrat aufgebraucht ist. Mischen Sie deshalb auch unter das Substrat strukturstabile Stoffe (Blähton, groben Sand, frische Rinde). Ein Schwund von 10 bis 20 % wird trotzdem nicht zu verhindern sein.
Für besondere Bedürfnisse von Sträuchern werden im Handel auch spezielle Erden angeboten. Informieren Sie sich bei Ihrem Gärtner.

Pflanzenwahl

Prinzipiell lassen sich alle Gehölze über einen bestimmten Zeitraum in Gefäßen kultivieren, wenn auch zum Teil mit erheblichem Pflegeaufwand. Je anspruchsvoller ein Gehölz ist, umso höher wird auch der Pflegeaufwand sein. Z. B. lassen sich Fächerahorne und Blumen-Hartriegel durchaus als prächtige Kübelpflanzen kultivieren, nur dürfen sie niemals austrocknen und müssen regelmäßig auch mit mineralischen Düngern versorgt werden. Wählen sie für die Kübel- und Trogbepflanzungen deshalb besser robuste und trockenheitstolerante Ziersträucher aus.

Zu den robusten und trotzdem attraktiven Großsträuchern zählen die Felsenbirne und der Feuerahorn. Kleinere gut geeignete Blütensträucher sind der Zwergflieder *(Syringa meyeri* 'Palibin', *Syringa* 'Josée'), der Zwerg-Pfeifenstrauch *(Philadelphus × lemoinei* 'Erectus', *Philadelphus microphyllus)*, sowie der Zwerg-Sommerflieder ('Nanho Blue' und 'Nanho Purple'). Besonders geeignet sind auch Ginsterarten wie der Elfenbein-Ginster, der Zwerg-Elfenbein-Ginster sowie der Lydische, der Färber- und der Behaarte Ginster.

Immergrüne Laubgehölze sind mitunter sehr trockenheitstolerant und kommen mit weniger Nährstoffen noch gut zurecht: Buchs in Sorten, sowie immergrüne Berberitzen *(B. verruculosa, B. candidula)* sind durchaus empfehlenswert.
Von den Kleingehölzen bis 1 m Wuchshöhe bieten sich die Blauraute, Bartblumen, Johanniskräuter, insbesondere *Hypericum* 'Hidcote', aber auch sommerblühende Spiersträucher an.

Von den Nadelgehölzen halten vor allem Latschen *(Pinus mugo)* und Zwerg-Latschen *(P. mugo* var. *pumilio* 'Mops', 'Gnom') diese Bedingungen gut aus, ebenso die flach wachsenden Sorten des Gemeinen Wacholders *(Juniperus communis* 'Repanda', 'Hornibrookii'). Sie benötigen allerdings unbedingt volle Sonne, im Schatten können sie nicht überleben.

TIPP **Da die Wurzeln der meisten Gehölze in Pflanzgefäßen dem Frost sehr stark ausgesetzt sind, packt man die Tröge im Winter mit wärmedämmenden Materialien wie Noppenfolie oder Jutesäcken ein.**

TIPP **Der zierlich überhängende Buschklee und der Winter-Jasmin sind deshalb interessant, weil sie viel Trockenheit aushalten, reichlich blühen und malerisch über die Trogränder herunterwachsen.**

Goethes Lieblingsbaum, der Gingko, wächst auch in Pflanzgefäßen und ist überaus robust.

Blüten – Nahrung und Duft

Blütensträucher verführen durch ihren Duft unsere Sinne, lassen uns entspannen und Erholung finden. Das wohlriechende Geißblatt *(Lonicera × purpusii)* blüht bereits im Januar/Februar. Darauf folgen die feinen, nach Vanille duftenden gelben Blüten der Winterblüte *(Chimonanthus praecox)*. Ab Februar/März öffnen sich die gelben bis roten Blüten der Zaubernuss, gefolgt von verschiedenen Schneebällen. Es folgt der Flieder und im Juni der weiß blühende Falsche Jasmin. Die gelben Blüten der Ölweide *(Elaeagnus angustifolia)* begeistern mit ihrem süßlichen Honigduft ebenso wie die weißen Blütenrispen der Robinie *(Robinia pseudoacacia)*. Im September/Oktober verströmen die weißen Blüten der Stachelblättrigen Duftblüte *(Osmanthus heterophyllus)* ihren feinen Duft. Die Virginische Zaubernuss *(Hamamelis virginiana)* beendet schließlich im Herbst den Reigen der Blütendüfte.

Insektenmagnete

Strauch	Blütezeit	Insekten
Schmetterlingsstrauch	Sommer	Schmetterlinge, Bienen
Bartblume	Spätsommer	Bienen, Hummeln
Duftschneeball	Herbst/Frühjahr	verschiedene Insekten
Gemeiner Schneeball	Frühsommer	Fliegen, Käfer, Wanzen, Schmetterlinge
Zaubernuss	zeitiges Frühjahr	Bienen
Winterharte Fuchsie	Sommer/Herbst	Hummeln
Zierapfel/-kirsche	Frühjahr	Bienen
Liguster	Sommer	verschiedene Insekten
Ginster	Frühjahr	verschiedene Insekten
Kornelkirsche	zeitiges Frühjahr	Wildbienen, Hummeln
Blasenstrauch	Frühjahr	Hummeln, Holzbienen
Zimterle	Spätsommer	Schmetterlinge, Bienen, Hummeln, Fliegen
Zierquitte	Frühjahr	verschiedene Insekten
Strauchpfingstrose	Frühjahr	Bienen, Hummeln
Hibiskus	Sommer	verschiedene Insekten

Dekorative Zweige und Rinden

Neben Blüten und Früchten können Gehölze auch durch farbige Zweige oder eine schöne Rinde den Garten bereichern. Vor allem im Winter treten sie in Erscheinung, wenn die Sträucher ihre Blätter längst verloren haben.

Rote Triebe Die zahlreichen Sorten des Tatarischen Hartriegels, insbesondere die Sorte 'Sibirica', sind für ihre im Winter leuchtend rot gefärbten Triebe bekannt. 'Sangu-kaku' ist eine überaus attraktive Sorte des Fächerahorns mit leuchtend roten Zweigen. Dieser Ahorn darf aber auf keinen Fall zurückgeschnitten werden. Daneben ist noch die Sorte 'Erythrocladum' des Pennsylvanischen Streifen-Ahorns erwähnenswert.

Orange Triebe Eine neuere, bislang aber wenig bekannte Sorte des heimischen Blutroten Hartriegels *(Cornus sanguinea* 'Winter Fire') bringt einen etwas anderen Farbton in unsere winterlichen Gärten. Die jungen Zweige dieses Strauches färben sich erst ockergelb, gegen Winter dann in lebhaftes Orange mit sonnseitig rötlichem Anflug.

Gelbe Triebe Der bekannteste Zierstrauch mit gelben Zweigen ist der Gelbholzige Hartriegel *(Cornus sericea* 'Flaviramea'). Seine jungen Triebe nehmen im Winter eine kräftige grüngelbe Färbung an. Dies gilt auch für dessen weißpanaschierte Sorte 'White Gold'.

Farbe durch Schnitt

Vor allem junge Zweige sind besonders intensiv ausgefärbt. Je älter sie werden, umso mehr verliert sich die Farbe und damit auch die Attraktivität. Deshalb ist es wichtig, die Zweige alljährlich im zeitigen Frühjahr stark zurückzuschneiden, damit die Bildung möglichst vieler junger Zweige angeregt wird. Schneiden Sie auch zumindest jedes Jahr einige Triebe an der Basis heraus und kürzen Sie ältere Triebe bis zum jungen Austrieb ein.

Die Korkenzieherweide 'Golden Curls' ist im Winter ein echter Hingucker!

Ziergehölze für jede Jahreszeit – Porträts

Für den Hausgarten, kleine Gärten und Vorgärten, sowie für Balkon und Terrasse eignen sich einige Ziergehölze besonders gut. Durch die richtige Auswahl der Pflanzen wird Ihr Garten zu jeder Jahreszeit attraktiv sein, und das ohne allzu großen Pflegeaufwand. Die hier vorgestellten Arten und Sorten zeichnen sich durch besondere Wuchs- und Blattstrukturen, Blüten- und Herbstfarben aus, sind pflegeleicht und für die Bepflanzung naturnaher Gärten empfehlenswert.

Frühjahr und Frühsommer

Flieder

Wer kennt ihn nicht, den betörenden Duft des Gewöhnlichen Flieders *(Syringa vulgaris)* mit seiner üppigen Blütenfülle in den verschiedensten weißen, rosa und lila Farbtönen? Der aus Südosteuropa stammende Strauch entfaltet seine Blütenpracht im Mai in bis zu 15 cm langen endständigen Blütenrispen. Als starkwüchsiger, Ausläufer treibender Großstrauch kann er schon 4 bis 6 m hoch und bis zu 4 m breit werden. Damit ist er für den kleinen Garten eindeutig zu groß, höchstens als Solitärstrauch findet er hier und da Verwendung. Da ist es gut zu wissen, dass es zahlreiche, nicht minder attraktive Alternativen, d. h. andere Arten und Sorten, zum Gewöhnlichen Flieder gibt, die im Folgenden vorgestellt werden.

Den Gewöhnlichen Flieder findet man häufig in Gärten und Parks.

STANDORTANSPRÜCHE ❁ Alle Fliederarten entwickeln sich auf mäßig feuchten, mäßig nährstoffreichen Böden ausgezeichnet, ein hoher Kalkgehalt spielt keine Rolle, warme und sonnige Standorte werden bevorzugt. Durchlässig und tiefgründig sollte der Boden schon sein, sommerliche Trockenperioden überdauert der Flieder aber problemlos, weil sein Wachstum in dieser Zeit bereits abgeschlossen ist.

TIPP ❧ **Viele Menschen glauben, der Flieder sei eine Pflanze unserer heimischen Flora, der schon immer Bestandteil von Bauern- und Klostergärten war. In Wirklichkeit ist er jedoch ein Einwanderer aus der Türkei, den es in Europa seit etwa 400 Jahren gibt. Er hat sich allerdings so gut angepasst, dass er heute nicht mehr wegzudenken ist!**

Pflege ❁ Als Früchte bilden sich nach der Blüte im Juni zweifächrige Kapseln, die recht lange am Strauch halten. Sie sehen nicht schön aus und nehmen der Pflanze die Kraft. Es lohnt sich deshalb, die Fruchtstände abzuschneiden. Als weitere Pflegemaßnahme fällt sonst nur noch gelegentliches Auslichten an.

Verwendung ❁ Alle hier beschrieben Fliederarten eignen sich, unabhängig von ihrer Größe, sowohl als Einzelstrauch im Garten, im Vorgarten, oder als Hecke, ebenso gedeihen sie in ausreichend großen Trögen auf Balkon und Terrasse. Die schwachwüchsigen Arten sind zur

Syringa patula 'Miss Kim'

Empfehlenswerte Arten und Sorten

- **Chinesischer Flieder** (*S. × chinensis* 'Saugeana'): Die größte der hier vorgestellten Arten wird 2 bis 3 m hoch und breit, sie wächst breitbuschig mit locker überhängenden Trieben. Die ungemeine Blütenfülle im Mai, der herrliche Duft und der im Vergleich mit dem Gewöhnlichen Flieder wesentlich zierlichere Wuchs zeichnen diesen Strauch aus. Die intensive lilarote Blütenfarbe ist das Merkmal der Sorte. Der prächtige Solitärstrauch ist auch für Vorgärten und kleinere Gärten geeignet.
- **Zwerg-Duftflieder, Meyers Flieder** (*Syringa meyeri* 'Palibin'): Der kompakte, dichtkugelige Kleinstrauch wird nicht höher als 1,2 m. Er schmückt sich mit kleinen, elliptisch-eiförmigen Blättern und zahlreichen kleinen Blütenrispen an den Triebenden vom Mai bis weit in den Juni. Die purpurroten Knospen verfärben sich im Aufblühen weißlich rosa. Der robuste Meyers Flieder blüht schon als junge Pflanze sehr reich und ist besonders geeignet für Trogbepflanzung, Dach- und Steingärten und niedrige Hecken.
- **Koreanischer Flieder, Ausladender Flieder** (*S. patula* 'Miss Kim'): Ein kaum 2 m hoher, sehr kompakt wachsender Strauch mit bis zu 15 cm langen dichten violettrosa Blütenrispen Ende Mai bis Juni. Als Solitärstrauch ebenso geeignet wie zur Hecken- und Gruppenpflanzung.
- **Kleinblütiger Flieder** (*S. microphylla* 'Superba'): Etwa 1,5 m hoher, schwachwüchsiger, locker verzweigter Blütenstrauch. Seine 4 bis 7 cm großen, zartrosa Blütenrispen öffnen sich im Mai, mit guter Nachblüte im Sommer bis Oktober. Am Besten den Strauch mit anderen Kleinsträuchern oder Stauden kombinieren.
- **Zwerg-Duftflieder 'Josée'** (S. 'Josée'): Eine zierliche, locker wachsende Zwergfliedersorte, die bis 1,8 m Wuchshöhe erreicht. Dieser Flieder zeichnet sich durch reichen Blütenschmuck in Form von 8 cm langen dichten, lilarosa Rispen im Mai/Juni aus. Geeignet für kleine Gärten, Dachgärten und Pflanztröge.

Bepflanzung von schmalen Gehölzrabatten, Trögen und Dachgärten besonders geeignet. Trockenheitsliebende, locker wachsende Stauden sind gute Partner.

Forsythie, Goldglöckchen

Die Forsythie ist der Inbegriff des Frühlings und tatsächlich beginnt im phänologischen Kalender mit der Forsythienblüte auch der Erstfrühling. Die unvergleichlich reiche und leuchtend gelbe Blüte ist kaum zu übertreffen. Dabei zählen Forsythien zu den absolut anspruchslosen Gehölzen. Allerdings werden die meisten bekannten Sorten im Alter sehr hoch und breit, sodass sie für kleinere Gärten ungeeignet sind. Mittlerweile bieten Baumschulen und Gartencenter aber eine Reihe kleiner und schwachwüchsiger Sorten an. Die bei uns vorkommenden Forsythien sind allesamt Züchtungen, hauptsächlich findet man Sorten von *Forsythia × intermedia*.

STANDORTSANSPRÜCHE ❁ Forsythien sind anspruchslos, was die Bodenverhältnisse betrifft, sie kommen auch mit Trockenheit einigermaßen gut zurecht. Sonnige Standorte sind für die Blütenbildung wichtig, in halbschattigen Lagen gedeihen sie noch gut, aber die Blütenfülle wird deutlich schwächer ausfallen.

PFLEGE ❁ Ein leichter Auslichtungsschnitt nach dem Abblühen fördert die Neutrieb- und damit die Blütenbildung für das folgende Frühjahr. Der Strauch wird nicht von Schädlingen befallen, neigt im Alter aber zu virösen Wucherungen; regelmäßig auslichten.

VERWENDUNG ❁ Die kleinen Forsythien eignen sich besonders für die Gestaltung kleiner Gärten, Vorgärten sowie für die Bepflanzung von Trögen auf Balkon und Terrasse. Als Begleitpflanzung bieten sich Zwiebelpflanzen und niedrige Stauden an, die auch außerhalb der Forsythienblüte Farbe in die Pflanzung bringen.

Forsythien und Blut-Johannisbeeren sind gute Partner.

Empfehlenswerte Sorten

- **'Marée d'Or':** Kompakter, etwa 0,6 m hoher und bis 1,5 m breit wachsender Strauch mit ausgebreiteten bis aufrechten Zweigen. Große, hellgelbe Blüten im März/April.
- **'Melée d' Or':** Diese Zwergforsythie wird kaum über 1 m hoch und breit, ist gedrungen und kompakt im Wuchs. Schmückt sich mit überreicher Blütenfülle.
- **'Boucle d' Or':** Kompakt dichttriebiger Strauch bis 1 m sowie dicht gedrängten goldgelben Blüten.
- **'Maluch':** Locker und breit aufrecht wachsende Forsythie bis 1,5 m mit kleineren, hellgelben Blüten, etwas später blühend. Eignet sich gut für kleine Vorgärten und Tröge.

Schneeball

Die Gattung *Viburnum* ist eine sehr verbreitete Gehölzgruppe mit vielen interessanten Arten und Sorten. Der besondere Wert der Schneeballarten liegt in ihrem Blütenreichtum, der vom Spätwinter bis in den Frühsommer hinein anhält. Ihre meist duftenden Blüten sind in flachen tellerförmigen Schirmrispen mit fertilen Innenblüten und sterilen Randblüten vereint. Andere Arten und Sorten bilden ballförmige Blütenstände. Viele von ihnen zeigen eine ausgeprägte Herbstfärbung sowie attraktiven Fruchtschmuck. Daneben gibt es noch einige immergrüne Arten.

Sargents Schneeball 'Onondaga' – die fertilen Innenblüten sind von einem Kranz steriler Außenblüten umgeben.

Empfehlenswerte Arten und Sorten

- **Gemeiner Schneeball 'Compactum'** (*V. opulus* 'Compactum'): Schwachwüchsige Auslese des Gewöhnlichen Schneeballs. 'Compactum' wächst zu einem dicht verzweigten Strauch von 1,8 m heran. Er ist sehr reichblühend und ungemein reich fruchtend, die Früchte haften bis spät im Winter an den Sträuchern.
- **Sargent Schneeball 'Onondaga'** (*V. sargentii* 'Onondaga'): Bis 2 m hoher, locker aufgebauter Strauch mit großen Blättern, die im Austrieb kastanienbraun gefärbt sind. Die Knospen der tellerförmigen Blütenrispen sind rot, im Aufblühen rahmweiß bis blassrosa, Blütezeit ist der Mai. Sie bilden einen schönen Kontrast zum Austrieb. Gut winterhart, als Einzelstrauch sehr wirkungsvoll.
- **Burkwoods Schneeball 'Anne Russel'** (*V. × burkwoodii* 'Anne Russel'): Wintergrüner Schneeball mit glänzenden Blättern, flachen Blütenbällen und starkem Duft. Wird etwa 1,5 m hoch. Sehr wertvoller Blütenstrauch.
- **'Eskimo'** (*V.* 'Eskimo'): Neue wintergrüne Sorte mit kompaktem Wuchs bis 1,2 m und überaus reichem Blütenschmuck. Die cremefarbenen Knospen verfärben sich im Aufblühen reinweiß. 'Eskimo' präsentiert seine 8 bis 10 cm großen reinweißen Blütenbälle in der ersten Maihälfte.
- **Großblumiger Schneeball** (*V. × carlcephalum*): Einer der schönsten Schneebälle mit weißen, intensiv duftenden Blütenbällen, wird 2 m hoch.
- **Japanischer Schneeball** (*V. plicatum* 'Pink Beauty'): Der zierliche, kompakt wachsende Schneeball wird kaum 1,5 m hoch. Zur Blütezeit im Juni sind seine waagrechten Zweige übersät mit unzähligen flachen Blütenrispen, die anfangs weiß, im Verblühen aber kräftig rosa gefärbt sind. Auch für kleine Vorgärten, Tröge und Innenhöfe gut verwendbar. Die ähnliche Sorte 'Molly Schröder' behält ihr rosa Blütenfarbe noch länger als 'Pink Beauty'. Bei 'Watanabe' bleiben die Blütenrispen weiß, diese Sorte blüht aber den ganzen Sommer hindurch.

Standortansprüche ❁ Schneeballarten gedeihen auf Gartenböden, die mäßig feucht, mäßig nährstoffreich und gut durchlässig sind. Mit wenigen Ausnahmen sind sie gut kalkverträglich, auf sonnigen bis leicht beschatteten Standorten werden sie ihren Blütenreichtum voll entfalten.

Pflege ❁ Ein gelegentliches Auslichten ist die einzige durchzuführende Pflegemaßnahme.

Verwendung ❁ Schneebälle sind besonders attraktive Ziergehölze für die Einzelstellung, denen man im Garten einen ihnen entsprechenden Platz zugestehen sollte. Man kann sie mit kleineren Sträuchern und Stauden kombinieren.

TIPP **Achten Sie beim Wolligen Schneeball *(Viburnum lantana)* auf einen trockenen Standort, um Blattlausbefall zu vermeiden.**

'Pink Beauty' ist zur Blütezeit über und über mit Blüten bedeckt.

Strauch-Pfingstrose

Paeonien sind in China seit Jahrhunderten in Kultur befindliche Sträucher mit hohem symbolischem Wert, die auch bei uns einen festen Platz im Garten gefunden haben. Sie können 100 Jahre und älter werden und bezaubern durch ihren alljährlich erscheinenden Blütenreichtum. Die breit kugeligen Sträucher mit den zierlich geschlitzten Blättern werden etwa 1,5 m hoch und ebenso breit. Sie präsentieren ihre ungemein attraktiven, bis 20 cm großen Blüten in der zweiten Maihälfte und zählen damit zu den attraktivsten und wertvollsten Gartengehölzen. Obwohl gefüllte Blüten bevorzugt werden, sollte man für den naturnahen Garten Sorten mit einfachen Blüten auswählen, denn als Folge verstärkter Blütenfüllung fehlt den Blüten häufig der für Insekten so wichtige Blütenstaub.

Standortansprüche ❁ Strauch-Pfingstrosen *(Paeonia × suffruticosa)* bevorzugen einen mineralischen, mäßig trockenen bis mäßig feuchten Boden, der unbedingt gut durchlässig sein sollte. Sie sind insgesamt sehr anpassungsfähig und gedeihen auf kalkhaltigen Böden optimal. Pflanzen Sie die meist veredelten Sorten so, dass die Veredlungsstelle etwa 15 cm unter der Oberfläche zu liegen kommt. Dies ist unbedingt notwendig, damit die aufgepfropfte Sorte eigene Wurzeln bilden kann. Sonnige bis halbschattige Standorte sind ideal.

Pflege ❁ Paeonien sind pflegeleicht und langlebig. Allerdings wollen sie in Ruhe gelassen werden. Pflanzen Sie sie also nicht um!

Verwendung ❁ Strauch-Pfingstrosen wirken besonders schön in lockeren Gruppen vor einer Kulisse aus Fächerahornen, oder kombinieren Sie Einzelpflanzen mit etwas stärkerwüchsigen Stauden. Zwiebelpflanzen betonen den schönen Wuchs vor dem Laubaustrieb. Außerdem eignen sich Pfingstrosenblüten zum Schneiden. Nehmen Sie hierfür nur halb geöffnete Blütentriebe. Unteres Blatt stehen lassen.

Empfehlenswerte Arten und Sorten

- **Strauch-Pfingstrosen** (Paeonia-Suffruticosa-Gruppe): Die Blütenfarben variieren zwischen Pastellfarben oder kräftigem Weiß, Gelb, Rosa oder Rot. Eine große Anzahl europäischer, asiatischer und amerikanischer Sorten ist auf dem Markt erhältlich.
- **Gefleckte Strauch-Pfingstrose** (*Paeonia rockii* mit Hybriden): Eine locker und aufrecht verzweigte Paeonie, die bis 2 m hoch wird. Sie zeichnet sich durch doppelt gefiederte Blätter und weiße Blüten mit einem großen portweinroten bis violettbraunen Fleck (Augenfleck) an der Basis der Blütenblätter aus.
- **Gelbe Strauch-Pfingstrose** (*Paeonia lutea*): Die Art wird nur 1 m hoch, treibt Ausläufer und fällt durch die doppelt dreizähligen Blätter und die 5 bis 6 cm großen leuchtend gelben Blüten im Juni auf.

Strauch-Pfingstrosen wirken als einzelne Sträucher, passen aber auch gut in Staudenpflanzungen.

Weigelie

Die Gattung *Weigela* umfasst einige Arten und Sorten reichblühender Ziersträucher, die die Lücke zwischen den Frühlings- und Sommerblühern füllen. Sie sind locker aufgebaut und schmücken sich mit einer Fülle trichterförmiger Blüten in weiß, rosa oder rot. Die Sträucher sind sommergrün.

Standortansprüche ❁ Weigelien zählen zu den anpassungsfähigen Ziersträuchern, die auf jedem normalen Gartenboden gut gedeihen, sie sind robust und voll winterhart. Volle Sonne vertragen sie ebenso wie Halbschatten.

Pflege ❁ Ein vorsichtiger Auslichtungsschnitt nach dem Abblühen ist empfehlenswert.

Die Sorte 'Styriaca' blüht überreich und wird im Verblühen dunkler.

VERWENDUNG ❁ Die neuen kleinwüchsigen Selektionen lassen sich gut mit Stauden kombinieren, man kann sie auch als niedrige Blütenhecke oder zur Bepflanzung von Trögen verwenden. Sie passen in Misch- und Strauchrabatten, aber auch in Gehölzgärten.

TIPP **Die Sorte 'Eva Rathke', Kronröhre außen blau-rot, glänzend, innen etwas heller, blüht später als die anderen Weigelien, dafür aber bis in den Herbst hinein. Sie zählt zu den wenigen Sorten, die saure Böden bevorzugen. Das sommergrüne Laub zeigt einen leichten Rotstich. Die Sorte wird 1,5 m hoch.**

Empfehlenswerte Sorten

- **'Red Prince':** Kompakt wachsender Strauch bis 1,5 m mit überhängenden Zweigen und leuchtend hellroten Blüten im Mai/Juni. Hat das intensivste Rot aller Weigelien, sehr gut winterhart.
- **'Alexandra':** Breit aufrechter Wuchs bis 1 m, schönste und dunkelste aller rotlaubigen Weigelien. Schöner Kontrast der tief purpurbraunroten Blätter zu den zahlreichen dunkelrosa leuchtenden Blüten. Sehr schöne Kübelpflanze, besonders für Balkon und Terrasse geeignet, aber auch im Staudenbeet sehr wirkungsvoll.
- **'Styriaca':** Alte bewährte Sorte mit 1,8 m Wuchshöhe, aufrechter Wuchsform, breit überhängenden Zweigspitzen und extrem reicher karminrosa Blüte im Mai/Juni. Zur Verwendung als Einzelstrauch, sowie in Kombination mit anderen Ziersträuchern oder Stauden geeignet.

Zierapfel

In Asien, England und Nordamerika sind etwa 30 bis 35 Wildarten beheimatet. Über die Jahrhundertwende haben sich daraus über 500 Zierapfelsorten entwickelt.

Zieräpfel zählen zur Gattung *Malus* und sind überaus wertvolle Gartengehölze, weil sie nicht nur reich blühen, sondern mit ungemein attraktivem, lange anhaltendem Fruchtschmuck aufwarten. Manche Früchte haften sogar bis in den Winter, was den Zierwert dieser Gehölze nochmals erhöht. Die Apfelblüte im Mai ist einer der Höhepunkte im Gartenjahr. Allerdings wachsen die meisten Sorten zu kleinen Bäumen heran, sodass sie sich zur Verwendung in kleinen Gärten nur bedingt eignen. Es gibt aber auch innerhalb dieser Gattung einige attraktive Zwergformen, die auf schwachwüchsige Unterlagen veredelt sind und deshalb klein bleiben.

Im Gegensatz zum Gartenapfel sind die Blüten des Zierapfels meist rot oder rosafarben. Die Früchte, die sich entwickeln, sind erheblich kleiner, meist fester und herb im Geschmack. Es gibt Sorten mit hellroter bis dunkelroter Färbung, andere entwickeln gelbe oder gelbrote Früchte.

STANDORTANSPRÜCHE ❁ Mäßig feuchte, mäßig nährstoffreiche Böden, die tiefgründig gelockert sein sollten, sind ideal für Zieräpfel. Ein sonniger Standort wird bevorzugt. Alle Sorten sind sehr gesund und gut winterhart.

PFLEGE ❁ Ein regelmäßiger Auslichtungsschnitt, eventuell auch ein Formschnitt sind die einzigen durchzuführenden Pflegemaßnahmen. Vor der Pflanzung ist allerdings ein Pflanzschnitt angeraten. Werden Zieräpfel in Blütenhecken verwendet, kann auch ein Formschnitt sinnvoll sein.

VERWENDUNG ❁ Die hier vorgestellten Zwergformen passen in jeden kleinen Garten und Vorgarten, eignen sich aber auch für die Bepflanzung von Pflanzgefäßen und Trögen auf Balkon und Terrasse. Zieräpfel sind nicht nur eine Bienenweide, sondern auch Vogelschutzgehölze.

Empfehlenswerte Sorten

- **'Adirondack':** Neue schwachwüchsige Sorte mit aufrecht gedrungenem Wuchs und einer Wuchshöhe von 2 bis 3 m. Die Sorte ist außerordentlich reichblühend, neben den weißen Blüten sind ihre orangeroten Früchte überaus reizvoll. Besonders als Kübelpflanze interessant.
- **'Pomzai':** Dieser Zwerg-Apfelbaum ist sicherlich eine der besten Neueinführungen für den kleinen Garten in den letzten Jahren. Er wächst kompakt, breit aufrecht und wird auch in zehn Jahren kaum 1,5 m hoch. Bereits Ende April präsentiert er seine überreiche Blütenfülle, dabei gehen seine leuchtend roten Knospen im Aufblühen in weiß über. Später im Herbst schmückt er sich mit einer Unzahl kleiner orangeroter Apfelfrüchte, die bis spät in den Winter hinein an den Pflanzen haften bleiben. Diese Sorte ist auch resistent gegenüber Feuerbrand, Mehltau und Apfelschorf. Sie fügt sich hervorragend in kleine Vorgärten sowie auf Balkon und Terrasse ein.
- **'Tina':** Dieser Zwerg-Zierapfel ist eine Sorte von *Malus toringa* var. *sargentii*. Der schwachwüchsige Strauch hat fast waagrecht ausgebreitete Zweige, wird 1,5 bis 2 m hoch und blüht extrem reich. Die roten Knospen verfärben sich im Aufblühen reinweiß. Die auffallenden dreilappigen Blätter färben sich im Herbst gelb. Wichtig: Wurzelausläufer (Unterlage) immer rechtzeitig entfernen!

Für kleine Gärten geeignet – die Sorte Malus 'Pomzai'

Für große Gärten geeignet: z.B. Malus 'Makamik'.

Sommer

Deutzie, Maiblumenstrauch

Die meisten Deutzien beginnen im Juni zu blühen, einige auch schon im Mai, die Hybride 'Mont Rose' blüht bis in den August hinein. Es sind besonders aparte Sträucher, die sich mit weißen bis rosa glockenförmigen Blüten schmücken, die in Trauben oder Rispen vereint sind. Im frühen Sommer bis Hochsommer sind ihre hohlen Triebe über und über mit schweren Blütenbüscheln bedeckt, sodass sie sich oft bis zum Boden herabbiegen. Es sind insgesamt problemlose und gut winterharte Ziergehölze. Die viel verwendeten *Deutzia scabra* und *D. magnifica* in Sorten wachsen zu mehr als 2 bis 3 m hohen, etwas steif wirkenden Sträuchern heran. Noch nicht so bekannt sind dagegen die zahlreichen schwächerwüchsigen Sorten mit ihrem zierlichen, überhängenden Wuchs.

Deutzia × rosea – **Wohl dem, der einen Garten hat!**

Empfehlenswerte Arten und Sorten

- **Zierliche Deutzie** *(Deutzia gracilis)*: Attraktiver, 50 bis 100 cm hoch werdender Kleinstrauch mit zierlichen überhängenden Zweigen und reinweißen Blütenrispen. Der Strauch blüht schon im Mai und ist dankbar für Feuchtigkeit.
- **Zwerg-Maiblumenstrauch 'Nikko'** (*D. crenata* 'Nikko'): Zierlicher, schwach wachsender Strauch bis 1 m, zierliche Triebe mit schmalen, fein und scharf gezähnten Blättern und kleinen weißen Blüten in großen, attraktiven Blütenständen. Sehr reichblühende Sorte auch für kleine Gärten.
- **Sternchenstrauch 'Rosealind'** (*D. × elegantissima* 'Rosealind'): Bis 1,5 m hoher, sehr zierlicher und schwachwüchsiger Kleinstrauch mit intensiv karminrosa Blüten an überhängenden Zweigen.
- ***Deutzia × rosea*:** Kleiner, dichtbuschiger, aufrechter Strauch bis 1,5 m mit überhängenden Trieben. Die etwa 2 cm großen offen glockigen Blüten sind außen rosa überhaucht und innen weiß, in kurzen Rispen angeordnet und blühen erst spät im Juni.

STANDORTANSPRÜCHE ❁ Deutzien bevorzugen mittelschwere Böden mit mäßiger Bodenfeuchte. Sonnige bis leicht schattige Standorte sind optimal, unter Trockenheit leiden sie jedoch.

PFLEGE ❁ Wichtig ist ein regelmäßiger Auslichtungsschnitt nach dem Abblühen der Sträucher.

VERWENDUNG ❁ Deutzien kommen als Einzelsträucher in Stauden- und Gehölzrabatten an, können aber auch für freiwachsende Blütenhecken verwendet werden.

Ginster

Zur Familie der Schmetterlingsblütler zählen alle drei Ginster-Gattungen: *Cytisus*, *Genista* und *Spartium*. In der Tat sind sehr viele Gemeinsamkeiten bezüglich ihrer Triebe, der Blüten und deren Standortansprüchen zu erkennen. Meist haben sie gelbe Schmetterlingsblüten, bei einigen Arten und Sorten kommen auch weiße oder rote Blütenfarben vor. Sehr variabel ist auch ihr Wuchs, reicht er doch vom kriechenden Zwergstrauch bis hin zum Normalstrauch von 2 bis 3 m Wuchshöhe. Allesamt sind sie recht kurzlebig, denn älter als etwa zehn Jahre werden sie kaum.

STANDORTANSPRÜCHE ❁ Alle Ginsterarten sind Sonnenkinder! Es gibt kaum eine andere Gehölzgruppe, die so wenig Schatten toleriert wie die Vertreter dieser Gruppe. Sie benötigen einen freien, luftigen Standort, Konkurrenz vertragen sie nicht. Darüber hinaus sind sie auf gut durchlässige, ja sogar steinige Böden angewiesen, wenn sie ausreichend frosthart sein sollen. Die meisten Arten mögen kalkhaltige Böden. Eine Ausnahme bilden vor allem der Besenginster *(Cytisus scoparius)* und dessen Hybriden. Die reichblühenden Edelginster (Cytisus-Scoparius-Hybriden) benötigen unbedingt kalkarme bis saure Bodenverhältnisse.

PFLEGE ❁ Wegen ihrer sehr ausgeprägten Pfahlwurzel werden Ginsterarten nur mit Topfballen angeboten: Einmal eingewurzelt lassen sie sich deswegen auch nicht mehr verpflanzen. Die Klein- und Zwergsträucher benötigen keinerlei Schnitt, Edelginster, Elfenbein-Ginster und Färberginster sollten jedoch schon als junge Pflanzen regelmäßig zurückgeschnitten werden.

VERWENDUNG ❁ Ginsterarten sind überaus reichblühende und anspruchslose Kleinsträucher für Heide- und Steingärten, Trog- und Dachgartenbepflanzung sowie für die Begrünung trockener, heißer Standorte. Edelginster und Elfenbein-Ginster sind raschwüchsige Rutensträucher mit einer üppigen Blüte für den Garten und Trogbepflanzungen.

Verschiedene Blütezeiten

Während Cytisusarten schon ab Mai blühen, sind die Arten der Gattung *Genista* richtige Sommerblüher, deren Pracht sich im Juni/Juli entfaltet und häufig bis zum August andauert. Vom Binsenginster gibt es nur eine Art, *Spartium junceum*. Sie gedeiht besonders gut in küstennahen Gebieten auf kalkhaltigen Böden und blüht im Sommer.

Der Elfenbein-Ginster ist wie viele andere Ginsterarten giftig.

Empfehlenswerte Arten und Sorten

- **Schwarzer Ginster** oder **Schwarzwerdender Geißklee** *(Cytisus nigricans)*: Vor allem die Sorte 'Cyni', eine dänische Selektion der Art, ist ein kompakter, breitbuschiger und vieltriebiger Strauch, der eine Höhe von 1,2 m erreicht. Seine dunkelgelben Blüten entfalten sich an langen, endständigen Trauben im Juli/August. Der sehr reichblühende Strauch ist frosthart, hitzeverträglich und ein Stickstoffsammler.
- **Besenginster** *(Cytisus scoparius)*: Je nach Standort 1,5 bis 2 m hoher, etwas sparriger Strauch mit rutenförmigen grünen Zweigen und großen goldgelben Schmetterlingsblüten im Mai/Juni. Eignet sich zur Begrünung extrem trockener, sonniger Böschungen, benötigt neutrale bis saure Böden!
- **Edelginster, Schmetterlingsginster** (Cytisus-Scoparius-Hybriden): Diese Züchtungen blühen schon im ersten Jahr überreich. Es gibt sie in zahlreichen gelben und roten Farbvarianten, die etwa 1,5 m hoch werden. Attraktive Blütensträucher, die allerdings neutrale bis saure Bodenverhältnisse benötigen. Ein Rückschnitt aller abgeblühten Triebe um ein bis zwei Drittel gleich nach der Blüte ist notwendig, damit die Pflanzen kompakt bleiben und nicht frühzeitig vergreisen! Nicht für sehr kalte Regionen, da sie etwas frostempfindlich sind (Winterschutz-Abdeckung mit Reisig).
- **Elfenbein-Ginster** *(Cytisus × praecox)*: Kleiner, dichtbuschiger und feintriebiger Rutenstrauch bis 1,5 m mit bis zum Boden überhängenden Zweigen. Gedeiht auch noch auf mäßig kalkhaltigen Böden. Überaus reiche Blüte, die Art selbst blüht zartgelb bis rahmweiß. 'Albus' schmückt sich mit reinweißen, 'Allgold' mit goldgelben und 'Hollandia' mit purpurroten Blüten. Ein Rückschnitt um ein bis zwei Drittel nach dem Abblühen ist erforderlich.

Besenginster blüht in üppigem Gelb.

- **Färber-Ginster** *(Genista tinctoria)*: Locker aufrecht wachsender, 0,8 bis 1,2 m hoher Kleinstrauch mit goldgelben Blüten in endständigen Trauben von Mitte Juni bis Anfang August. Heimisches Wildgehölz, bevorzugt nährstoffarme Böden. Durch einen Rückschnitt im zeitigen Frühjahr um zwei Drittel wachsen die Pflanzen dichter und blühen wesentlich reicher. Der Färber-Ginster lässt sich gut mit trockenheitsliebenden Stauden kombinieren.
- **Lydischer** oder **Goldland-Ginster** *(Genista lydia)*: Der niedrig breitwüchsige Zwergstrauch wird 0,5 m hoch und bis zu 0,8 m breit. Seine graugrünen, dicht stehenden und bogig überhängenden Triebe schmücken sich mit einer Fülle großer goldgelber Einzelblüten im Mai/Juni. Besonders für die Bepflanzung von Trögen und Steingartenanlagen geeignet.

Hortensie

Hortensien, zur Gattung *Hydrangea* gehörend, sind weit unterschätzte Ziergehölze für den naturnahen Garten. Sie sind unermüdliche Sommerblüher, die auf normalen Gartenböden gut gedeihen. Ihre tellerartigen Blütenstände sind aus zwei Blütentypen zusammengesetzt: die fertilen (fruchtbaren) Innenblüten und die sterilen Randblüten. Bei Sorten mit ausschließlich sterilen Blüten sind die Blütenstände kugelförmig.

STANDORTANSPRÜCHE ❁ Hortensien bevorzugen, abhängig von der Art, leicht saure bis neutrale und leicht kalkhaltige Bodenverhältnisse sowie meist halbschattige Standorte. Der Boden sollte aber immer mittelschwer, mäßig feucht und mit Nährstoffen versorgt sein.

PFLEGE ❁ Rispenhortensien und Schneeballhortensien wachsen dichter, wenn man sie vor dem Austrieb regelmäßig vorsichtig auslichtet, bzw. leicht zurückschneidet.

VERWENDUNG ❁ Hortensien sind überaus reichblühende Sträucher, die sich sowohl für die Einzelstellung als auch für Gruppenpflanzungen im Garten anbieten. Die Gartenhortensien *(Hydrangea macrophylla* und deren Sorten) pflanzt man am besten als Einzelpflanzen gemeinsam mit starkwüchsigen, schattentoleranten Begleitstauden, oder als kleine Gruppe in Rabatten, vor Mauern oder als niedrige Begleitpflanzung entlang von Wegen. Schneeballhortensien *(H. arborescens)* lassen sich gut am Gehölzrand integrieren. Rispenhortensien *(H. paniculata)* sind ausgesprochen attraktive Ziergehölze für die Einzelstellung.

TIPP **Die meisten Hydrangeaarten bevorzugen einen halbschattigen Standort, einige mögen es ganz schattig, wie *H. aspera* 'Macrophylla', andere lieber sonnig. Vor dem Kauf sollten Sie sich deshalb unbedingt über die Standortbedingungen informieren.**

Bauernhortensie *(Hydrangea serrata)* 'Bluebird'

Rispenhortensie *(Hydrangea paniculata)*

Empfehlenswerte Arten und Sorten

- **Gartenhortensien** *(H. macrophylla* und deren Sorten): Die starkwüchsigen Sorten ('Genérale Vicomtesse de Vibraye', 'Hamburg', 'Alpenglühen') wachsen zu kugeligen Büschen von etwa 1,5 m Höhe heran. Von Juli bis September erscheinen zahlreiche bis zu 25 cm breite weiße, rosa oder gelegentlich blaue Blütenbälle. Einige Sorten dieser Gruppe benötigen eher kalkarme bis saure Böden. Nur auf sauren Böden bei niedrigem pH-Wert von etwa 4,5 färben sich einige der Sorten blau.
  Die Lacecup-Sorten mit tellerförmigen Blütenständen ('Mariesii', 'Lanarth White'), sowie die Sorten von *H. serrata* (z. B.'Bluebird') bleiben etwas niedriger und sind frosthärter. Als Schnittmaßnahme empfiehlt sich ein vorsichtiger Auslichtungsschnitt im zeitigen Frühjahr, wobei nur alte, nicht mehr blühfreudige Triebe und die vertrockneten Fruchtstände entfernt werden.
- **Schneeballhortensien** *(H. arborescens)*: Vieltriebige, etwa 1,5 m hohe und ebenso breite Sträucher mit flachkugeligen weißen Blütenbällen (Schirmrispen) von Juli bis September. 'Annabelle' und 'Grandiflora' haben besonders große Blütenbälle. Die Blüten entwickeln sich am Ende der diesjährigen Triebe, deshalb im Frühjahr kräftig zurückschneiden. Schneeballhortensien gedeihen am besten in halbschattigen Lagen. Sie eigenen sich auch gut als Kübelpflanzen in halbschattigen Gartenhöfen und Terrassen sowie an absonnigen Mauern.
- **Rispenhortensien** *(H. paniculata)*: Breit aufrechte Sträucher mit bis zu 2,5 m Wuchshöhe. Die kegelförmigen, aufrecht stehenden, 20 bis 30 cm langen Blütenstände am Ende der diesjährigen Triebe entfalten sich von Juli bis September. Auffallend sind die rahmweißen Einzelblüten. Besonders große auffallende Blütenrispen bringt 'Limelight' hervor, jene von 'Pinky Winky' sind im Spätsommer intensiv rosa gefärbt und damit besonders attraktiv! Sie eignen sich besonders als Einzelpflanzen in Kombination mit Stauden. Bevorzugen vollsonnige bis lichtschattige Standorte und neutrale bis leicht saure Bodenverhältnisse. Vorjährige Triebe im zeitigen Frühjahr zumindest um ein Drittel einkürzen, damit die Sträucher kompakt wachsen und in ihrer Wuchsstärke etwas gebremst werden.
- **Eichenblättrige Hortensie** *(H. quercifolia)*: Sommergrüner, bis zu 1,5 m hoher und ebenso breiter Strauch mit bis zu 20 cm großen Blättern. Ihre bis zu 20 cm langen rispenartigen weißen Blütenstände erscheinen im Juli/August. Besonders attraktiv ist aber die prachtvolle dunkelweinrote Herbstfärbung der Blätter! Gut frosthart, bevorzugt neutrale bis leicht saure, mäßig feuchte Bodenverhältnisse in sonniger bis halbschattiger Lage. Lässt sich gut mit Halbschattenstauden kombinieren.

Pfeifenstrauch, Falscher Jasmin, Sommerjasmin

Pfeifensträucher *(Philadelphus)* sind beliebte Ziergehölze, wohl vor allem des herrlichen Duftes wegen, den sie verströmen, aber auch wegen der enormen Blütenfülle im Juni. Ihre reinweißen Blüten sind einfach oder gefüllt, oder mit einem roten Augenfleck versehen. Allerdings werden viele der bekannten Sorten für den kleinen Garten oder Vorgarten viel zu groß, oder sie müssen stark geschnitten werden, was ihrer Schönheit abträglich ist. Eine gute Alternative sind die immer häufiger angebotenen schwachwüchsigen Sorten mit hervorragenden Eigenschaften.

Pfeifensträucher wirken in einer Blütenhecke oder Gruppenpflanzung besonders imposant.

Empfehlenswerte Arten und Sorten

- **'Silberregen':** Der kaum 1 m hoch und breit werdende Strauch verzweigt sich stark. Die zierlichen reinweißen einfachen Blütensterne werden bis zu 4 cm breit und duften intensiv nach Erdbeeren.
- **'Snowgoose':** Eine neuere Sorte, die kompakter wächst. Der Strauch erreicht eine Höhe von 1,5 m, hat überhängende Triebe und große silberweiße, stark gefüllte Blüten, die in dichten Blütenbüscheln stehen.
- **'Manteau d'Hermine':** Etwa 1 m hoher Zwerg-Pfeifenstrauch mit zierlichen überhängenden Trieben. Seine schneeweißen, schwach duftenden Blüten sind dicht gefüllt und 2 bis 3 cm breit.
- **Kleinblättriger Pfeifenstrauch** *(P. microphyllus)*: Kaum 1 m hoher, feintriebiger Pfeifenstrauch mit ungemein zierlichen, weißen Blütensternchen, die fein duften. Der Strauch eignet sich besonders für warme, trockene Standorte und Pflanzgefäße.
- **'Erectus':** Diese Sorte gehört der Philadelphus-Lemoinei-Gruppe an. Der eher schmal aufrechte (daher der Name), bis 1,8 m hohe zierliche Strauch bringt massenweise einfache, stark duftende Blüten hervor. 'Erectus' lässt sich auch gut für freiwachsende und geschnittene Hecken verwenden.
- **'Belle Etoile':** Ein ausgesprochener Duftjasmin, der etwa 1,5 m hoch und ebenso breit wird. Die auffälligen weißen Einzelblüten werden bis zu 5 cm groß und haben einen auffallenden rötlichen Basalfleck. Blütezeit ist von Juni bis Juli. Schönes Solitärgehölz in Kombination mit starkwüchsigen Stauden. Die anspruchslose Sorte toleriert alle Lichtverhältnisse.
- **'Schneesturm'** *(P. virginalis* 'Schneesturm'): Ein gefüllt blühender Duftjasmin oder Bauernjasmin, der bis zu 2 m hoch wird und gefüllte schneeweiße Blüten hervorbringt.
- ***P. virginalis*:** Der wertvolle, etwas über mannshoch werdende Strauch hat dunkelgrüne Blätter, die im Kontrast zu den weißen Blüten zur Wirkung kommen.

Standortansprüche ❁ Absolut anspruchslose Sträucher, die mit jeder Bodenart vorlieb nehmen, an vollsonnigen Standorten gut gedeihen und im Halbschatten ebenso reich blühen. Sogar mit trockenen Böden kommen sie gut zurecht.

Pflege ❁ Lichten Sie die Sträucher nach dem Abblühen leicht aus, das fördert die Blütenbildung im nächsten Jahr. Schneiden Sie alle drei bis vier Jahre einzelne Triebe an der Strauchbasis heraus. Der Boden um den Strauch herum sollte immer unkrautfrei und locker gehalten werden. Allerdings muss man beim Hacken vorsichtig sein, denn das Wurzelsystem verläuft flach unter der Erde.

Verwendung ❁ Pflanzen Sie Pfeifensträucher entweder als Einzelpflanzen in Kombination mit Stauden, oder fassen sie diese zu Gruppen zusammen. Auch niedrige Blütenhecken lassen sich mit den hier vorgestellten Arten und Sorten erziehen. Die blühenden Äste eignen sich gut zum Schnitt. Beachten Sie aber, dass der Strauch giftig ist.

Der kleinblättrige Pfeifenstrauch besticht durch seine elegant wirkenden Blüten.

TIPP **Eine Naturhecke aus Flieder, Schneeball und Pfeifenstrauch bietet nicht nur vom Frühling bis in den Spätsommer Blüten und Duft. Sie kann außerdem zur Hangbefestigung dienen und Staub und Lärm aus dem Garten fernhalten. Außerdem zählen Pfeifensträucher zu den Bienenweidepflanzen.**

Spierstrauch

Arten und Sorten der Gattung *Spiraea* sind aus unseren Gärten nicht mehr wegzudenken. Sie zählen zu den bekanntesten und meist verbreiteten Ziersträuchern. Der lockere Wuchs, die überreiche Blütenfülle und die problemlose Verwendung im Garten, sowie die gute Winterhärte sind dafür verantwortlich. Spiersträucher bringen reichen Blütenschmuck vom Frühjahr bis in den Sommer, einige Sorten ergänzen mit ihrem farbigen Austrieb oder einer schönen Herbstfärbung die Farbpalette.

Standortansprüche ❁ Spiersträucher sind anspruchslos und gedeihen in jedem Boden. Sie bevorzugen allerdings mäßig feuchte Standorte in voller Sonne, obschon sie Halbschatten noch gut vertragen.

Pflege ❁ Lichten Sie die früh blühenden Arten gleich nach der Blüte aus, die sommerblühenden sollten sie im zeitigen Frühjahr vor dem Austrieb um ein bis zwei Drittel ihrer Länge einkürzen.

Verwendung ❁ Spiersträucher sind vielseitig verwendbar und können als Solitär- oder Heckensträucher eingesetzt werden. Für die im Sommer blühenden Sorten bietet sich aber auch die Verwendung in kleinen Gruppen oder Tuffs an, sie lassen sich recht schön mit anderen Kleingehölzen wie Johanniskraut, Potentillen oder Gräsern kombinieren.

Empfehlenswerte Arten und Sorten

- **Aschgraue Rispenspiere** oder **Brautspiere** *(S. × cinerea* 'Grefsheim'): Zierlicher Strauch mit 1,2 m Wuchshöhe und -breite mit zierlich überhängenden Zweigen und lanzettlichen Blättern. Ein Schleier kleiner weißer Blüten überzieht die vorjährigen Triebe bereits im Frühjahr. Schönes Gehölz für die Einzelstellung in Kombination mit Stauden.
- **Japanischer Spierstrauch** *(S. nipponica* 'Flächenfüller' und 'Halvard's Silver'): Gedrungen und kompakt wachsende Sträucher, werden auch nach Jahren kaum größer als 0,8 m. Überaus reiche weiße Blüte im Juni. Besonders geeignet für kleine Gärten, Tröge, sowie Balkon und Terrasse.
- **Sommerspiere** *(S. japonica* in Sorten): Die Sommerspiere wächst zu einem kleinen, 0,5 bis 0,8 m hohen, dicht und kompakt wachsenden Zwergstrauch heran. Ihre Blüten erscheinen am Ende der diesjährigen Triebe in flachen Blütenständen im Juli/August. Das Blütenspektrum der Sorten reicht von weiß über lila-rosa bis dunkelrot.
- **'Shirobana':** Weiß mit zartrosa Blüten in einer Blütendolde.
- **'Little Princess':** Bewährte, kaum 50 cm hohe Sorte mit zartrosa Blüten.
- **'Golden Princess':** Wie 'Little Princess', aber mit hellgrünem bis gelblich grünem Laubaustrieb und rosa Blüte.
- **'Hubert Gold':** Neue Sorte mit orangefarbenem Austrieb, färbt sich im Herbst kupferorange. Blüten dunkelrosa im Juli/August.
- **'Ruberrima':** Sorte mit schönen dunkelrosa Blüten und rötlicher Herbstfärbung.
- **Birkenblättriger Spierstrauch** *(S. betulifolia* 'Tor'): Kompakt wachsender Kleinstrauch mit 80 cm Wuchshöhe und weißen Blütenständen im Juni. Seine eiförmigen dunkelgrünen Blätter färben sich im Herbst (auf kalkarmen Böden) leuchtend rot. Schwedische Selektion mit besonders guter Winterhärte.

Die Sorte 'Hubert Gold' zeichnet sich durch bunten Laubaustrieb aus.

Spätsommer und Herbst

Bartblume

Bartblumen, die unter der Gattung *Caryopteris* zusammengefasst werden, sind sehr reichblühende Kleinsträucher, die ihre mittel- bis dunkelblauen Blüten von August bis September öffnen. Diese entwickeln sich achselständig an den diesjährigen Trieben. Buschig aufrecht wachsen diese vieltriebigen Halbsträucher und werden bis zu 1 m hoch.

Die neue Sorte 'Blue Balloon' behält bei regelmäßigem Schnitt ihre fast kugelige Gestalt.

STANDORTANSPRÜCHE ❁ Bartblumen benötigen leichten, gut durchlässigen, trockenen bis frischen Boden. Bei der Pflanzung sollte kein frischer Kompost verwendet werden. Sie zählen zu den kalkliebenden Ziergehölzen, die vollsonnige Standorte brauchen, sonst aber problemlos sind.

PFLEGE ❁ Sie frieren zwar in strengen Wintern zurück, das ist aber gar nicht problematisch, denn Bartblumen müssen im zeitigen Frühjahr ohnehin stark zurückgeschnitten werden, damit sie buschig wachsen und nicht verkahlen. Sie blühen noch im selben Jahr an den diesjährigen Trieben.

VERWENDUNG ❁ Sehr wertvoller Spätsommerblüher, der gut mit Rosen, Gräsern und graulaubigen Stauden harmoniert. Auch Blauraute, Säckelblume und Kleinstrauchrosen lassen sich gut mit Bartblumen kombinieren. Pflanztröge und Kübel auf Balkon und Terrasse können ebenfalls mit Bartblumen bestückt werden, allerdings ist hier auf ausreichenden Winterschutz des Wurzelbereichs zu achten.

TIPP **Die im Handel hauptsächlich angebotene *Caryopteris* × *clandonensis* in Sorten ist eine Kreuzung zwischen der Graufilzigen *(C. incana)* und der Mongolischen Bartblume *(C. mongholica)*.**

Empfehlenswerte Sorten

- **'Kew Blue':** Etwa 115 cm hoch und 145 cm breit wachsend, mittel- bis dunkelblaue Blüte, gute Standardsorte.
- **'Thetis':** Wird etwa 80 cm hoch und 120 cm breit, mit schöner dunkelblauer Blüte.
- **'Grand Bleu':** Französische Sorte mit kompaktem Wuchs und dunkelblauer, sehr später Blüte, bleibt mit 60 cm Höhe und Breite etwas kleiner.
- **'Blauer Spatz':** Kompakter Wuchs, gut verzweigt, kaum 70 cm hoch, aber bis 130 cm breit, kräftig dunkle blaue Blüte.
- **'Blue Balloon':** Neue kräftig wachsende Sorte, wird bis 140 cm hoch und breit, dichter kompakter, ballonartiger Wuchs und zahlreiche große leuchtend blaue Blütenstände.

Schmetterlingsstrauch, Sommerflieder

Die meisten angebotenen Sorten an Schmetterlingssträuchern stammen von *Buddleja davidii* ab. Die ausgesprochen attraktiven Sommerblüher tragen ihren Namen nicht zu Unrecht, denn kaum ein anderes Ziergehölz ist für Schmetterlinge aller Art so unwiderstehlich wie der Schmetterlingsstrauch. Seine ungewöhnlich reiche und lang anhaltende Blüte ab Juli bis Oktober machen ihn zu einem der beliebtesten Ziergehölze. Es gibt ihn in allen Farbvariationen von weiß über rosa bis lila und dunkelpurpurn. Der Kaskaden- oder Hänge- oder auch Schmalblättrige Sommerflieder *(B. alternifolia)* blüht schon im Frühsommer mit elegant überhängenden Zweigen. Allerdings kann die Art bis 3 m hoch und sehr ausladend werden, was für kleinere Gärten eher ungeeignet ist. *B.* × *weyeriana* gibt es sogar in den Farbtönen gelb bis gelb-orange, allerdings sind die Pflanzen sehr kälteempfindlich und nur für Regionen mit Weinbauklima geeignet.

STANDORTANSPRÜCHE ❁ Der Sommerflieder mag es trocken, warm und bevorzugt durchlässige, stark kalkhaltige Böden. Er toleriert sogar steinige Böden. Dazu braucht er unbedingt vollsonnige Standorte, Schatten von Bäumen oder von großen Sträuchern in der Nachbarschaft verträgt er nicht. Auf trockenen, nährstoffarmen Böden reift das Holz der Sträucher besser aus, damit wird also die Frosthärte erhöht.

PFLEGE ❁ Abgesehen davon sind Sommerflieder aber absolut problemlose Ziergehölze, die innerhalb weniger Monate zu ansehnlichen Pflanzen heranwachsen. Wichtig ist beim Sommerflieder allerdings der alljährlich durchgeführte scharfe Rückschnitt im zeitigen Frühjahr, damit er sich von unten her dicht verzweigt und seine Basis nicht verkahlt.

VERWENDUNG ❁ Der unermüdlich blühende Sommerflieder bietet sich für die Einzelstellung und für Gehölzgruppen im Garten an, insbesondere dann, wenn in einer neuen Pflanzung mit langsam wachsenden Sträuchern schnell

'Nanho Purple' entwickelt lange, schmale blaue Blütenrispen, ist schwachwüchsig und sehr reichblühend.

Strukturen geschaffen werden sollen. Attraktiv wirkt Sommerflieder besonders auch, wenn er vor dunklere Sträucher platziert wird. Außerdem passt er ins Staudenbeet, am besten zu niedrigwachsenden Arten. Man kann ihn aber auch in große Pflanzgefäße setzen, denn auf sonnigen Terrassen und Dachgärten, an den heißesten und trockensten Plätzen, fühlt er sich am wohlsten.

TIPP **Obwohl ein Schnitt nach der Blüte häufig nicht empfohlen wird, sollte er dennoch durchgeführt werden, denn Sommerflieder zählt zu den sogenannten invasiven Gehölzen, die sich sehr stark ausbreiten. Ein Abschneiden des Verblühten ist aus diesem Grund durchaus ratsam.**

Durch den jährlichen scharfen Rückschnitt auf ein Gerüst wird gewährleistet, dass der Strauch von unten her nicht verkahlt.

Empfehlenswerte Sorten

- **'Pink Delight':** 2 bis 3 m hoch wird die schönste rosa blühende Sorte. Sie entwickelt auffallend große, kegelförmige, mindestens 20 bis 30 cm lange Blütenrispen und blüht vom Juli bis zum September. Die Sorte wächst langsam und kompakt.
- **'Adonis Blue':** Kompakter Wuchs, wird kaum 1,2 m hoch, mit dunkelblauer Blüte von Juni bis September.
- **'Peacock':** Kleiner Strauch bis 1,2 m Höhe, mit pinkfarbenen Blüten von Juni bis September.
- **'Nanho Blue':** Breit aufrechter Strauch bis 2 m, mit zierlichen Trieben und kleinen Blättern, mit zahlreichen violettblauen Blütenrispen von Juli bis Oktober. Wirkt viel eleganter als die übrigen Sorten des Sommerflieders.
- **'Nanho Purple':** Der zierliche Strauch wächst mehr breit als hoch und erreicht dabei eine Höhe von 1,5 m. Die leuchtend purpurnen bis dunkelvioletten Blütenrispen erscheinen von Juli bis Oktober.
- **'White Ball':** Sehr kompakt und gedrungen wachsende Sorte mit einer Fülle weißer gedrungener Blütenrispen von Juli bis September.
- **'Black Knight':** Der Strauch bringt schwärzlich violette Blütenrispen hervor.
- **'Empire Blue':** Die Sorte wird mittelhoch und blüht in zahlreichen reinblauen Blütenrispen.
- **'Royal Red':** Aufrechter Wuchs mit überhängenden Trieben, lange purpurrote Rispen.
- **'Peace':** Die Sorte blüht üppig und ausgesprochen lang in weißen Blütenrispen und mit locker überhängenden Zweigen.

Spätherbst und Winter

Ahorn

Die Gattung *Acer* umfasst sehr viele verschiedene Ahornarten. Ahorne wachsen normalerweise zu großen Bäumen heran, die für den Hausgarten meist nicht geeignet sind. Aber es gibt auch einige Arten und verschiedene Sorten, die entweder klein bleiben, einen kompakten Wuchs aufweisen oder sehr langsam wachsen. Dazu zählen vor allem die zahlreichen Sorten des Fächerahorn *(Acer palmatum)* sowie deren Verwandte, der Japanische Ahorn *(A. japonicum)* und Shirasawas Ahorn *(A. shirasawanum)*. Am Naturstandort wachsen sie als kleinkronige Bäume im Unterwuchs sommergrüner Laubwälder. Sie sind zierlich gewachsen, warten mit teils filigranem Blattwerk auf und verabschieden sich mit einer brillanten Herbstfärbung.

Vielfalt

Die Sorte 'Globosum', ein Kugelahorn, ist besonders geeignet für beengte Situationen. Sie passt beispielsweise ideal in kleinere Vorgärten. Der Rotnervige oder Rostbart-Ahorn wächst dagegen mehrtriebig wie ein strauchartiger Baum. Bei der Fülle an Arten und Sorten findet man für jeden Platz und jede Verwendung den passenden Ahorn.

Ein Feuerwerk der Farben im herbstlichen Garten – die Sorte 'Osakazuki'

STANDORTANSPRÜCHE ⊗ Die Vertreter der Japanischen sowie der Fächerahorne sind mäßig anspruchsvoll. Sie benötigen einen gut belüfteten, durchlässigen Boden mit mäßigem Nährstoffgehalt und mäßiger Bodenfeuchte. Bevorzugt gedeihen sie in neutralen bis leicht sauren Böden, Kalk wird aber durchaus vertragen, wenn die übrigen Parameter stimmen. Auf kalkarmen Böden färben sie sich im Herbst aber deutlich besser aus.

PFLEGE ⊗ Fächerahorne lassen sich auch gut in großen Gefäßen kultivieren. Dann müssen sie allerdings (je nach Alter und Größe) alle drei bis vier Jahre umgepflanzt, sowie regelmäßig gewässert und gedüngt werden.

Empfehlenswerte Sorten des Fächerahorns

Sorten mit tricherförmigem oder aufrechtem Wuchs:

- **'Katsura':** Breit trichterförmig, 1 bis 2 m hoch, im Austrieb orangerot, anfangs rot überlaufen, später grünlich goldgelb; Herbstfärbung orange.
- **'Linearilobum':** Schmal aufrechter Wuchs, 2 bis 3 m, grüne, tief gelappte schmal lanzettliche Blätter; leuchtend gelbe Herbstfärbung.
- **'Nicholsonii':** Breit trichterförmiger Wuchs, 2 bis 2,5 m, bräunlich grüne, im Sommer olivgrüne Blätter; schöne orange bis karminrote Herbstfärbung.
- **'Osakazuki':** Starkwüchsiger, aufrechter, 3 bis 4 m hoher Fächerahorn mit glänzend grünen, spitz gelappten Blättern; Herbstfärbung leuchtend orangerot bis intensiv karminrot, verlässlichster Herbstfärber!
- **'Red Pygmy':** Gesunde, wüchsige Sorte mit schmal trichterförmigem Wuchs, 1,5 bis 2 m, dunkelrote bis bronzefarbene, schmal lanzettliche tief geteilte Blätter; Herbstfärbung gelborange.
- **'Shaina':** Schmal trichterförmiger Wuchs, 1,5 bis 2 m, tief gelappte karminrote bis maronibräunliche Blätter; leuchtend korallenrote Herbstfärbung.
- **'Trompenburg':** Schmal aufrechter Wuchs, 2 bis 4 m, dunkelpurpurne bis schwarzrote, metallisch glänzende, gelappte Blätter; Herbstfärbung scharlach- bis karminrot.
- **'Villa Taranto':** Vasenförmiger bis breit trichterförmiger Wuchs, 2 bis 3 m, im Austrieb dunkel purpurfarbene, pfeilspitzenartige tief gelappte Blätter, verfärben sich im Sommer dunkelgrün, rötlich überlaufen; intensive goldgelbe Herbstfärbung.

Geschlitztblättrige Sorten mit schirmförmigem Wuchs:

- **'Dissectum':** Flach schirmförmiger Wuchs, 1 bis 2 m, zierliche, grüne, tief eingeschnittene und gelappte Blätter; leuchtend orange bis gelbe Herbstfärbung.
- **'Garnet':** Flach schirmförmiger Wuchs, 1 bis 2 m hoch, intensive dunkelweinrote, tief geschlitzte Blätter; leuchtend rote Herbstfärbung.
- **'Inaba-shidare':** Schirmförmiger Wuchs, 1 bis 2 m, Blätter bis zu 10 cm lang, tief wein- bis purpurrot, weniger stark gelappte Blätter, sehr gesunde und wüchsige Sorte; Herbstfärbung leuchtend karminrot.

VERWENDUNG ❁ Fächerahorne sollten eine Solitärstellung innehaben, damit sie aber entsprechend zur Geltung kommen, benötigen sie einen besonderen Platz im Garten. Sie sind für einen leicht beschatteten Standort dankbar, obwohl sie bei genügender Bodenfeuchte auch vollsonnige Standorte gut tolerieren. Am Ufer von Gartenteichen kommen sie besonders gut zur Geltung. Vor allem die geschlitztblättrigen Dissectum-Formen mit der leicht überhängenden, schirmförmigen Wuchsform können kaum einen besseren Platz finden. Fächerahorne eigenen sich darüber hinaus hervorragend für Innenhöfe, Vorgärten oder als große „Kübelpflanze" auf Balkon und Terrasse.

Weitere Ahorne

Der Eisenhutblättrige Ahorn *(A. japonicum* 'Aconitifolium') ist starkwüchsig und wird 3 bis 4 m hoch. Der mehrtriebige Baum entwickelt große, rundliche, tiefgelappte hellgrüne Blätter, die sich

Im Winter besonders auffallend: die Rinde des Grossers Ahorn *(A. davidii* subsp. *grosseri)*

im Herbst wunderbar orangegelb bis karminrot färben. Auch der Zimt-Ahorn *(A. griseum)* ist empfehlenswert. Der baumartige, 3 bis 4 m hohe, aber sehr langsamwüchsige Ahorn hat eine zimtartig abrollende Rinde, dreiteilige Blättchen und eine leuchtend orangerote bis karminrote Herbstfärbung. Zum Schluss sei noch der Dreiblütige Ahorn *(A. triflorum)* genannt, der strauchartig wächst, 3 bis 4 m hoch wird und durch seine dreiteiligen großen Blätter sowie die leuchtend orangerote Herbstfärbung auffällt.

Hartriegel

Auch die Gattung *Cornus* ist überaus artenreich, wobei für Hausgärten vor allem die schwachwüchsigen, strauchartig und buschig wachsenden Arten und Sorten interessant sind. Hierzu zählen die Sorten des Weißen oder Tatarischen Hartriegels *(Cornus alba)*, sowie Sorten des Blutroten Hartriegels *(C. sanguinea)*.

Standortansprüche ⊛ *Cornus alba* kommt mit allen Bodenarten gut zurecht, ist kalkliebend und wächst an sonnigen wie halbschattigen Standorten gleichermaßen gut. Auch mäßig trockene Pflanzflächen werden ertragen, obwohl er feuchtere Standorte bevorzugt.

Tatarischer Hartriegel

Die mittelhohen Sträucher erreichen eine Wuchshöhe und -breite von 2 bis 3 m. Die bogig niederliegenden äußeren Zweigpartien senken sich auf die Erde und bewurzeln sich. Der Tatarische Hartriegel fällt auf durch seine jungen blutroten Triebe, die weißen Blütenstände im Mai, weißliche bis hellblaue erbsengroße Früchte und eine prächtige Herbstfärbung. Außerdem gibt es zahlreiche Sorten mit weiß oder gelb panaschierten Blättern.

Pflege ⊛ Der Strauch ist sehr frosthart, ein Winterschutz daher nicht erforderlich. Er ist gut schnittverträglich, ein regelmäßiger Rückschnitt fördert die Verzweigung und lässt die Farben stärker leuchten.

Bei *Cornus florida* f. *rubra*, dem Blumen-Hartriegel, setzt die Herbstfärbung schon sehr früh im September ein.

Empfehlenswerte Sorten

- **'Cream Cracker'** *(C. alba* 'Cream Cracker'): Neue Sorte mit breit aufrechtem Wuchs, wird 2 bis 2,5 m hoch, schmückt sich im Winter mit purpurroten Zweigen; die Blätter sind hellgrün mit cremegelbem Rand, im Austrieb rosa überlaufen.
- **'Ivory Halo':** Neue Sorte (Auslese aus *C. alba* 'Elegantissima') mit kompakterem und buschigerem Wuchs; hellgrüne Blätter mit cremeweißen Rändern.
- **'Sibirica'** *(C. alba* 'Sibirica'): Etwas schwächer als die Art wachsend, fällt durch die korallenrote Färbung der Zweige im Winter auf. Besonders auch für Bepflanzung von Trögen geeignet. Sollte regelmäßig zurückgeschnitten werden, damit sich viele neue intensiv gefärbte Triebe entwickeln können.
- **'Spaethii'** *(C. alba* 'Spaethii'): Schwacher und gedrungener Wuchs. Blätter im Austrieb bronzegelb, später breit goldgelb gerandet; prächtige Herbstfärbung.
- **Blutroter Hartriegel 'Winter Beauty'** *(C. sanguinea* 'Winter Beauty'): Breit aufrecht wachsender Strauch mit bis 2 m Höhe mit hellgrünen Blättern, die sich im Herbst orangegelb färben. Besonderes Merkmal sind aber seine während des Winters gelb-orangen, sonnseits rötlich gefärbten Zweige; attraktives Gehölz für Einzelstellung und Gruppen.
- **Weißbunter Gelbholz-Hartriegel** *(C. stolonifera* 'White Gold'): Schwachwüchsige Form des Gelbholziger Hartriegels mit bis 2 m Wuchshöhe und weißpanaschierten Blättern. Besonders seine hellgrünen Triebe sind im Winter sehr attraktiv, die Sträucher lassen sich gut mit dem Tatarischen Hartriegel kombinieren.
- **Niedriger Gelbholz-Hartriegel 'Kelseyi'** *(C. stolonifera* 'Kelseyi'): Bis 75 cm hoher und doppelt so breiter Strauch. Der kleine breitbuschige Strauch ist dichtwachsend und dünntriebig, seine aufliegenden Triebe bewurzeln leicht. Eignet sich sehr gut für Vorpflanzungen und kleine Flächenbegrünungen. Etwas spätfrostgefährdet.

VERWENDUNG ⊛ Als anspruchsloser Zierstrauch eignet er sich besonders für Gruppen- und Heckenpflanzung, für Einzelstellung und als Kübelpflanze. Auch am Gehölzrand und am Ufer von Gartenteichen entwickelt er sich malerisch. Eine Kombination mit den grüntriebigen *C. stolonifera* Sorten bringt attraktive Farbspiele. Die weißbunten Formen können durch ihre hell gefärbten Blätter Strauchpflanzungen auch im Sommer sehr gut beleben. Die Art *Cornus mas* entwickelt gelbe Blütendolden und ist als Bienenweide bekannt. Viele Hartriegelarten dienen als Nistpflanze für Vögel und als Nährgehölz für Haselmaus und Vogelarten. Von einer Höhe von 75 cm bis zu 2,5 m ist für jeden Garten etwas dabei.

Die Früchte der Kornelkirsche *(Cornus mas)* entwickeln sich im Herbst.

Spindelstrauch

Spindelsträucher gehören der großen Gattung *Euonymus* an, mit verschiedenen sommergrünen (laubabwerfenden) und immergrünen Arten. Sie sind problemlos und vor allem wegen ihres Fruchtschmuckes und der schönen Herbstfärbung bekannt.

STANDORTANSPRÜCHE ⊛ Spindelsträucher benötigen normale, nicht zu trockene und mäßig nährstoffreiche Böden. Sind sie erst einmal gut angewachsen, tolerieren sie auch noch trockenere Standorte. Sonnige Lagen werden bevorzugt, aber auch lichter Schatten wird ertragen. Die immergrünen Spindelsträucher *(E. fortunei)* fühlen sich allerdings an leicht beschatteten Standorten wohler.

PFLEGE ⊛ Schnittmaßnahmen sind nicht erforderlich, obschon alle Arten gut schnittverträglich sind.

Empfehlenswerte Sorten des Flügel-Spindelstrauchs *(E. alatus)*

Der sommergrüne Flügel-Spindelstrauch ist wunderbar als Solitärstrauch einsetzbar. Seine dicken Korkflügel an den Zweigen sowie die brennend rote Herbstfärbung machen dieses Ziergehölz zu einem wahren Blickfang im Garten. Auch für kleine Gruppen, für Gefäße und Tröge bietet sich dieser Strauch besonders an. Die Art selbst wird mit 2 bis 3 m im kleinen Garten etwas zu ausladend.

- **'Compactus':** Zwergform, die im Alter 1 m hoch, aber etwa doppelt so breit wird; dichter Wuchs und scharlachrote Herbstfärbung.
- **'Fire Ball':** Gut winterharte Sorte, die 'Compactus' noch durch besserer Verzweigung und brillantere Herbstfärbung übertrifft; auch für Tröge, Balkon und Terrasse gut geeignet.

VERWENDUNG ⊛ Das Repertoire an Spindelsträuchern ist groß, und so auch die Verwendungsmöglichkeiten. Einzelstellungen sind ebenso denkbar wie die Verwendung in Hecken oder Gruppen.

Der Flügel-Spindelstrauch gedeiht auch in Gefäßen mit guter Erde und bereichert Terrasse, Balkon oder Dachgarten. Seine Zweige sind in der Floristik äußerst beliebt.

Empfehlenswerte Sorten des Kriechspindelstrauchs *(E. fortunei)*

Kriechspindelsträucher werden je nach Sorte 40 bis 100 cm hoch, mit teils bis zum Boden aufliegenden Zweigen, die sich bewurzeln. Einige Sorten können auch bis auf 2 m Höhe klettern. Alle besitzen kleine derbe, ledrige immergrüne Blätter. Die zahlreichen Sorten unterscheiden sich vor allem durch die Färbung der Blätter. Verwendung als Bodendecker in sonnigen, halbschattigen und schattigen Lagen, für Tröge und Kübelpflanzungen geeignet.

- **'Blondy':** Schönste Sorte mit anfangs gelbbunten, später weißbunten Blättern, hervorragende Farbwirkung durch großen gelben Fleck in der Blattmitte.
- **'Darts Blanket':** Immergrüner, etwa 50 cm hoher Strauch mit teils niederliegenden, teils aufrecht stehenden Trieben; dunkelgrüne Blätter, die sich im Herbst und Winter braunrot bis hellrot verfärben.
- **'Emerald'n Gaiety':** Robuste Sorte mit aufrechtem Wuchs, großen Blättern, graugrün gefärbt mit weißem Rand.
- **'Emerald'n Gold':** Wird im Alter bis 1 m hoch, wächst jedoch langsam; Blätter sind breit hellgelb gerandet und im Winter rötlich verfärbt.

Gehölzregister

Infos & Adressen

Praskac Pflanzenland
Praskacstraße 101 – 108
A-3430 Tulln
Tel: +43 (0) 2272/62460
www.praskac.at

Kittenberger Erlebnisgärten GmbH
Laabergstraße 15
A-3553 Schultern
Tel: +43 (0) 2734/8228-0
www.kittenberger.at

Das Oberkärtner Pflanzenland Karl Winkler
Seehofstraße 36
A-9871 Seeboden
Tel: +43 (0) 4762/81203-0
www.gb-winkler.at

Baumschule Pöhler
Flachsmoor 1
D-49685 Höltinghausen
Tel: +49 (0) 4473/1335
www.bioland-baumschule.de

Böhlje Baumschulen
Oldenburger Straße 9
D-26655 Westerstede
Tel: +49 (0) 4488/9986-0
www.bohlje.de

Eggert Baumschulen
Baumschulenweg 2 – 4
D-25594 Vaale
Tel: +49 (0) 4827/9326-27

Landschaftsparks und Arborten

Schulgarten und Baumschule der HBLFA
Für Gartenbau Schönbrunn
Grünbergstraße 24
A-1031 Wien
Tel: +43 (0) 18135/950
www.hblagart.bmlf.gv.at

Forstbotanischer Garten und Arborteum der Universität Göttingen
Büsgenweg 2
D-37077 Göttingen
Tel: +49 (0) 551/3934-92

Landesarboretum – Exotischer Garten mit Hohenheimer Landschaftsgarten Versuchsstation für Gartenbau
D-70599 Stuttgart-Hohenheim
Tel: +49 (0) 711/4593-080

Kräuterhof Eichinger
Wachtberg 16
A-3922 Großschönau

Kräutergarten Perwarth
Perwarth 38
A-3263 Randegg
Tel: +43 (0) 7488/71633

Baumschule Helmut Rücklinger
Wolfsoed 1
A-3300 Amstetten
Tel: +43 (0) 7472/62400

Baumschule Hans Pernerstorfer
Kremserstraße 11
A-3542 Gföhl
Tel: +43 (0) 2716/6456

Empfehlenswerte Literatur

Bärtels, A. (2001): Enzyklopädie der Gartengehölze. Verlag E. Ulmer, Stuttgart; 800 S.

Böswirth, D.; Thinschmidt, A.: Kletterpflanzen im naturnahen Garten. Verlag avBUCH, Wien; 80 S.

Pirc, H. (1994): Ahorne. Verlag E. Ulmer, Stuttgart; 240 S.

Pirc, H. (2004): Bäume von A–Z. Verlag E. Ulmer, Stuttgart; 297 S.

Pirc, H. (2008): Alles über Gehölzschnitt. Verlag E. Ulmer, Stuttgart; 385 S.

Warda, H.-D. (2001): Das große Buch der Garten- und Landschaftsgehölze. 2. Auflage, Bruns Pflanzen Export GmbH, Bad Zwischenahn; 933 S.

Weber, G. (2005): Rosen für naturnahe Gärten. av Buch, Wien; 80 S.

Willery, D. (2006): Ziersträucher von A–Z. Verlag E. Ulmer, Stuttgart; 224 S.

IMPRESSUM

E-Mail: buch@avbuch.at, Internet: www.avbuch.at

Die Deutsche Bibliothek – CIP-Einheitsaufnahme
Die Deutsche Bibliothek verzeichnet diese Publikation in der Deutschen Nationalbibliografie; detaillierte bibliografische Daten sind im Internet über http://dnb.ddb.de abrufbar.

PROJEKTLEITUNG: Brigitte Millan-Ruiz, avBUCH
REDAKTION: Christine Weidenweber, 63879 Weibersbrunn
UMSCHLAG: Ravenstein + Partner, Verden
SATZ UND BILDREPRODUKTION: Hantsch & Jesch PrePress Services OG, 1230 Wien
ILLUSTRATIONEN: Monika Biermaier, Untertullnerbach

DRUCK UND BINDUNG: agenskettterl Druckerei GmbH
Printed in Austria

ISBN: 978-3-7040-2293-6

Bildquellen

Umschlag: Thinschmidt A., Böswirth D. (www.gartenfoto.at)

Inhalt:
Bildagentur Waldhäusl (www.waldhaeusl.com) Seiten 3, 11, 12, 13 oben, 33 rechts oben, 57 links, 62, 64, 61, 71 links oben, 79
Thinschmidt A., Böswirth D. (www.gartenfoto.at) Seiten 8 rechts unten, 9, 13 unten, 14, 17, 19, 34, 35, 36 unten, 38 unten, 42 oben, 43 oben, 44/45, 46, 47, 50/51, 52, 54, 59 rechts, 68 oben rechts, 73 unten
Werner Gamerith Seiten 60 oben rechts, 76
Alle anderen: Dr. Helmut Pirc